# 人民參與死刑審判事件簿

## 當法槌落下！

借鏡日本判例，
為國民法官作好準備

林裕順 主編

林裕順、黃鼎軒、張家維、王鈞世 著

# 目次

## 第三部分　殺人計畫的有無

## 第四部分　責任能力

推薦序一

# 人生有多難，量刑就有多難！

吳燦
最高法院院長

如何提升人民對於司法的信賴度，一向是全民共同關切的議題。我國參採日本《裁判員法》制定的《國民法官法》，就是要「反映國民正當法律感情，增進國民對於司法之了解及信賴」（第1條）。

這個嶄新的國民參與審判制度，開展了我國刑事司法審判的新紀元，使自一般國民當中隨機選出的國民法官可以跟職業法官合審共判。「做法官，大家有機會」，藉由素人法官親身參與整個庭審過程的經驗，不僅實際去感受要斷人生死的不容易，也可以讓普羅大眾了解法官原來並不是上帝。新制伊始，挑戰勢所難免。或許在運作相當時日後，可以逐漸建立國民對司法系統性的信任。

二〇二三年一月一日正式施行上路的《國民法官法》，首波受理的是「故意犯罪因而發生死亡結果」的重大刑事案件。此類案件均涉及對生命法益的侵害，所生實害甚為重大，判生判死屬於一般國民高度關切的事項，由國民參與審判，得以貫徹引進國民正當法律感情的立法意旨，增加判決的底氣。

檢察官對於法定刑得選科死刑的案件，於起訴或實行公訴時，如具體求處死刑，最終必須由國民法官六人與職業法官三人所組成的國民法官法庭，共同進行審理並作出最後的決定。來自不同行業的國民法官，生活經驗不同，價值有異，可能反映不同的法律感情。對於首次坐上法檯的國民法官，如何在選擇死刑或迴避死刑之間，定其一念之迴旋，是難以言喻的考驗，值得觀察。

死刑與無期徒刑，雖然均得用以防禦對社會的潛在危害，但兩者落差極大。國民法官法庭當然不能憑著感覺下判決，而應省思生命的價值，釐出一些客觀具體的界線，盡可能地拉齊不同被告之間的生死線。

相對於日本是透過判例建立所謂「永山準則」，作為死刑的量刑基準，我國刑法第57條則明文規定量刑所應審酌之事由。最高法院一〇二年度台上字第１７０號判決，對於死刑量刑基準，首次提出應通盤檢驗刑法第57條的十款事由，對於後續重大刑事案件的說理密度有深遠的影響。

「人生有多難，量刑就有多難！」林教授裕順主編的《人民參與死刑審判事件簿：當法槌落下！借鏡日本判例，為國民法官作好準備》一書，是《國民法官法》的法普小教室，淺顯易懂，有助於可能成為國民法官的你／妳，深一層思考生死判中，是否抱持「寧於必死之中求其生，勿於可生之處任其死」的法感情，特為推薦。

推薦序二

# 他山之石，可以攻錯

陳運財
國立成功大學法律系教授兼系主任

承載著不少國人對司法民主化的憧憬，以及在被社會大眾寄予挽救國人對司法制度長期低迷信賴的厚望的《國民法官法》，已於今年一月正式啟航。航行途中可能碰到暗潮洶湧，也難免遭逢烏雲蔽日，如何堅定方向，平穩持續地朝目標航行，負責操舟的審檢辯三者可謂任重道遠。而共同參與審判的國民與職業法官對等地享有決定被告生死的重大權力，這一票直比直接民選總統的一票所代表的民主意涵更加重要，更不難想像國民法官們一定是抱持著忐忑不安的心情，同舟共濟，面臨可能斷人生死的重責大任。

依據《國民法官法》的規定，國民法官應全程參與審判期日的程序及評議，並於評議時就認定事實、適用法律及量刑表示意見，與職業法官實質對等地進行評決。其中，有罪的認定應以包含國民法官及法官雙方意見在內達三分之二以上的同意來決定。如經認定被告有罪，則共同進行科刑的評議，應以包含國民法官及法官雙方意見在內過半數的意見來決定，但是科處死刑，應以包含國民法官及法官雙方意見在內達三分之二以上的同意，始得為之。

這是一項刑事司法制度的重要變革，工程複雜而艱鉅。審判主體的變革，茲事體大，牽一髮動全身，職業法官審判制度固然有其缺點，但引進國民參與刑事審判，是否必然有效提升裁判品質，提高人民對司法的信賴，重點仍在《國民法官法》的立法理念是否能夠實踐，尤其是擔負這部法律執行的審檢辯三方能否使參與審判的國民能了解證據調查的內容，實質對等地與職業法官針對被告有罪或無罪——如果是有罪，應量刑多重——共同進行評議，是制度成敗的關鍵所在。

其中，關於被告有罪或無罪的認定，是屬於通常之人依經驗法則及論理法則綜合判斷檢察官起訴的犯罪事實是否存在的問題，國民法官各自基於其多元的社會經驗與職業法官共同討論及評決，確實是有助於事實的認定，這是符合引進國民參與刑事審判的宗旨。不過，如果被告經評決有罪，進一步要如何科處適當的刑罰，對於沒有審判經驗的國民而言，無寧是一項艱鉅的考驗。因為，應科處刑罰的種類及範圍的決定，不僅應以罪責原則為基礎，且必須考量一般預防及特別預防的要素，並兼顧到科刑的公平性，這種專業性的要求顯然已超出一般國民法官的社會經驗的範圍。尤其，我國目前仍維持死刑制度，對於適用《國民法官法》

的殺人等重大案件，如遇檢察官求處死刑，究竟應如何在死刑與無期徒刑或長期的有期徒刑之間作抉擇？連有審判專業的職業法官對此生死之判，搜索枯腸、絞盡腦汁都難以找到答案的問題，一般的國民法官要如何適當參與此項天人交戰的重責大任，不免令人掛心。

以日本實施裁判員制度的運作經驗為例，迄今年二月底已有八件裁判員法庭判處被告死刑的案件，經第二審上訴法院改判為無期徒刑，在日本引起媒體及社會大眾不少的非議。背後涉及了上級審的職業法官為求審慎宣告死刑以及維護的法的安定性、公平性的考量，與尊重國民參與刑事審判的宗旨之間的緊張關係，而此項爭議短期內恐怕難以平息。

他山之石，可以攻錯。林裕順教授主編的《人民參與死刑審判事件簿：當法槌落下！借鏡日本判例，為國民法官作好準備》，首先扼要說明我國國民法官法庭審理程序的流程，從開審陳述、證據調查、論告乃至於宣判，可讓讀者一窺國民法官制度的架構。其次，針對量刑基本原則及死刑量刑因子二部分，總共整理分析了十八件日本相關裁判，讓讀者了解死刑執行方式，認識日本量處死刑的基準，並以被害人數、犯罪態樣說明死刑基本的門檻及界線。特別是，本書介紹日本實際強盜殺人案例中，比較生死之判的案件差異、過往的前科是否可以作為死刑因子的考量？還有，性侵殺人案件判處死刑的條件，以及審判實務應如何處理罹患思覺失調症的被告有無具備受審能力的問題等等，都是值得借鏡的經典案例。相信本書不僅可提供審、檢、辯實務界妥適處理死刑的爭議上的參考，亦有助於法學界了解日本實務在面臨個案的困境及思索出口的理路，尤其可讓廣大的一般讀者了解死刑制度及量處死刑應有的基準，同時喚起社會大眾面對此項國家剝奪生命的刑事制裁時的不同的省思。

## 序

# 有光的地方，就會有溫暖

林裕順

刑法第２７１條：「殺人者，處死刑、無期徒刑或十年以上有期徒刑。」縱使，我們習於當個旁觀司法的路人甲，乍看本項條文應該不難了解、想像，國家藉由刑罰制裁手段，規範要求社會大眾尊重生命——不能殺人，而且會判很重。

現今，人民參審國民法官制度上路，民眾必須轉換角色粉墨登場，實際體驗殺人犯罪的法條適用。然而，擔任審判者若細心琢磨，或不免心生疑惑。例如，殺人處罰輕重差很大，怎麼判才是妥當？或者，藉由死刑剝奪人命，如何說明國家以民為本、尊重生命？

或許，政府會說死刑判決經過司法程序，也是法官依法判決的結果，對於重大犯罪處以死刑「實不得已」、「沒有辦法的辦法」。可是，民眾對於司法審判程序，若是全然陌生或者看不清、聽不懂，如何確認死刑「實不得已」、「沒有辦法的辦法」。

有關社會重大犯罪的審理，日本最高法院經典判決再三提醒：隨著時代演進，死刑若無必要，或者人民感情不能容忍，立法機關自會廢除死刑，即使條文仍存法院亦不會適用。並且，特別強調：現時下，沒有人喜好宣告死刑。本世紀初，日本建置人民參審「裁判員制度」，用以維護國民主權、確保司法審判以及死刑判決的正當性。同時，藉由人民參審司法變革、開誠布公，願將審、檢、辯、警辦案專業、品格及其倫理攤在陽光下接受檢驗。

有光就能照亮黑暗，並且匯聚能量、帶來溫暖。臺灣人民參審對於涉及殺人等重大犯罪，提供社會大眾眼見為憑、就事論事的機會與場景，並且直接面對被告身體肉軀確認死刑是否「實不得已」、「沒有辦法的辦法」。換言之，「國民法官」若能抱持對於生命的敬畏，將會是照亮臺灣司法邊邊角角的「那道光」。

本書寫作的起心動念乃至完成，感謝時報文化的支持以及育涵主編、張擎編輯的鼓勵，謝謝您們。

# 引言

## 國民法官　三任務、三原則

「生命，無價。」「一人的生命，相較地球有過之無不及。」「死刑，刑罰當中最為嚴厲的制裁，非不得已方能採行的終極處罰。」「蓋死刑，人性尊嚴存在本體——生命——的永久剝奪。」

——一九四八年三月十二日　日本最高法院大法庭判決

人民參審國民法官制度，論斷個案是非曲直，實踐社會公平正義，乃臺灣民眾可以選票決定總統（行政）、民意代表（立法），進一步參與審判決定善惡（司法），完成民主國家「以民為本」、國民主權「人民頭家」的最後進程。死刑處決乃國家對人民最為嚴厲的制裁，原本司法機關獨占刑事制裁權柄，現今國民法官制度正式上路、開始施行，民眾將有機會直接面對犯罪案件、決定被告生殺大權。可是，「人」的是是非非、善惡對錯，原本或待「老天爺」最終論斷。同時，被告也是「人」生父母養，同儕審判如何避免錯斷誤判、造成冤屈。

西方民主國家累積智慧、經驗的司法傳統，有如英、美、加拿大等國採行的陪審制，以及歐陸德、法、義大利的參審制。陪審制，大致就特定案件由具選舉人資格中隨案抽選十二人，參與審理但僅就被告有罪與否作出判決，若經判定有罪再由職業法官獨自決定刑罰輕重。參審制，選任方式大多經由機關團體並有固定任期，每件個案或有二至三人搭配一至三人的職業法官一起審理，並且不僅協力判斷罪責並就刑度共同決定。近年，東瀛日本反省該國戰前曾採陪審的苦澀經驗，另考察前述不同國家人民參審的制度特色，融合陪審制個案隨機抽選確保參審民眾獨立自主，以及參審制人民與法官攜手合作共審共判補長截短，獨創「裁判員制度」由法官三人、民眾六人共組審判法庭，吸納民間多元力量化為司法堅實後盾。

臺灣人民參審國民法官制度，以日本裁判員審理作為參考原型。換言之，臺灣、日本人民參與刑事審判新制，主要建構一般民眾與法官共同承擔責任，並得主體性、實質地參與判決內容之機制設計，期待每位國民能擺脫統治客體意識，自律並承擔社會責任而為統治主體，相互合作協助建構自由、公正的社會，藉由「審議式民主」重拾國家豐富創造力與熱情。因此，一般民眾擔任國民法官願意承擔「三任務」，並且誠心嚴守「三原則」，應可如同法制先進國家勝任人民參審的工作。所謂國民法官「三任務」：遵守法律規範開放心胸認真「聽審」，依循法官於法庭審理程序的訴訟「指揮」，並且判決評議過程用心討論積極「對話」。所謂人民參審「三原則」：尊重「無罪推定原則」於事實認定符合常理、常情而無容合理的懷疑，尊重「證據裁判原則」實事求是不道聽塗說、不妄加猜測，尊重「罪疑惟輕原則」檢察官舉證仍然真假難辨，應為被告有利的認定。

我國建制國民法官的制度理念，認為量刑評議不僅導入社會大眾多元經驗、價值判斷，仍應維持罪責相當以及刑罰公平、穩定，方能樹立死刑審理可預測性及其判決的公信。二〇二二年為止，日本人民參審裁判員制度下共計判處四十三件案例死刑，惟該國二審職業法官尊重歷來「死刑行情」將其中七件改判為無期徒刑定讞。亦即，日本有關死刑行情的「四階段論」：關注故意殺害行為造成被害人死亡，並且檢察官具體求處死刑乃大前提；死者人數，擄人勒贖、詐領保險金或性侵等犯罪目的，有無犯罪前科、犯罪計畫性或共犯主導性乃重要考量；殺害方法、動機原因、遺屬被害感情及社會衝擊乃次要因子；被告有無反省悔悟、生長歷程、生活狀況等等「一般情狀」事由用以判斷未來改善、更生可能。《人民參與死刑審判事件簿》，取材日本司法判決真實案例、論據說理及其沿革變遷，期待讀者從該國司法認定看到被告的嗔、痴、貪、怨犯罪本質，以及經過如何審理論斷、酌情適理「求其生而不可得」，方以生命剝奪作為最後手段、終極制裁。

備注：裁判員實施迄二〇二三年五月底，已有八件裁判員法庭判處死刑，上訴至第二審法院改判為無期徒刑案件；惟本書僅收錄七件，均為最高法院已判決定讞之案件。

# 第一部分

# 人民參審及量刑基本原則

# 第一章　人民參審關鍵密碼

至二〇二三年二月，依據日本最高法院「裁判員制度」現況分析，該國人民參審適用案件數多寡依序為殺人、強盜致傷、住宅放火、傷害致死、毒品犯罪、強制性交以及危險駕駛致死等等總計一萬七千六百件左右。日本人民參審案件第一審審理程序時程，每件個案從選任、審理到判決結束大約九天、開庭天數四點六天、詰問證人二點八人、評議時間十一小時。被告經人民參審同儕審理判決死刑者四十三人、無期徒刑二百八十九人、二十年以上徒刑三百三十二人。另有期徒刑以上經予以緩刑宣告者二千六百六十六件，同時無罪判決者一百四十七人，提起上訴者五千六百五十四件、上訴率三七・二%。

臺灣人民參審「國民法官」的制度意義，宣示重大犯罪死刑判決與否之是非判斷，不再是職業法官價值觀或宗教信仰的個性表徵，而是廣納多元民意面對被告就事論事的民主對決。然而，一般民眾法律素人與職業法官共同審理評議，國民法官「無」科班訓練、「無」訴訟經驗、「無」辦案時間，如何避免法庭審理有聽沒懂、人云亦云，並能落實貫徹無罪推定、證據裁判，審理機制應與歷來只限職業法官的制度思維截然不同。我國《國民法官法》參考日本「裁判員制度」，於刑事程序上創設全然不同現行法規的「第二軌」。換言之，對照現行刑事審判程序機制，歸納國民法官新制的關鍵特色，應可簡單說明、圖示如下：

## 卷證不併送（起訴狀一本）原則

檢察官提起公訴將案件移送法院時，起訴書內容記載力求簡潔扼要，並且禁止引用或附加偵查蒐證的卷宗資料，確保審判者維持第三方公正立場，並且不受檢警心證影響產生預斷、偏見。同時，國民法官既無卷宗資料可先閱覽，審判法庭為其檢視證據的唯一場域，檢辯更加專注於法庭活動、強化彼此證據攻防。

## 審前準備程序

案件進入法庭審理前，職業法官、檢察官、辯護人先行確認起訴事實概要，並由檢、辯雙方就案件爭點、證明方法以及舉證節奏進行協商，若有意見不一致再由職業法官拍板定案，確保國民法官參與審理容易了解，並得就事論事、迅速判斷。

## 證據開示程序

於前項審前整理過程中，檢、辯盡可能將預訂於法庭攻防證據提供對造參考，便於雙方就爭點整理、證明方法等更易形成共識。同時，避免審理過程節外生枝、突襲耗費，誤導國民法官心證判斷。

## 審前說明程序

國民法官進入示判法庭進行審理前，為讓國民法官熟悉法庭審理節奏、順序等等，職業法官先行說明「國民法官權利、義務及罰則」、「刑事審判基本原則」、「被告被訴罪名之構成要件及其法令解釋」、「預估審理時間」等事項。再者，藉由此項程序過程，職業法官亦可緩和國民法官對於法庭陌生或須公開審理等之緊張情緒。

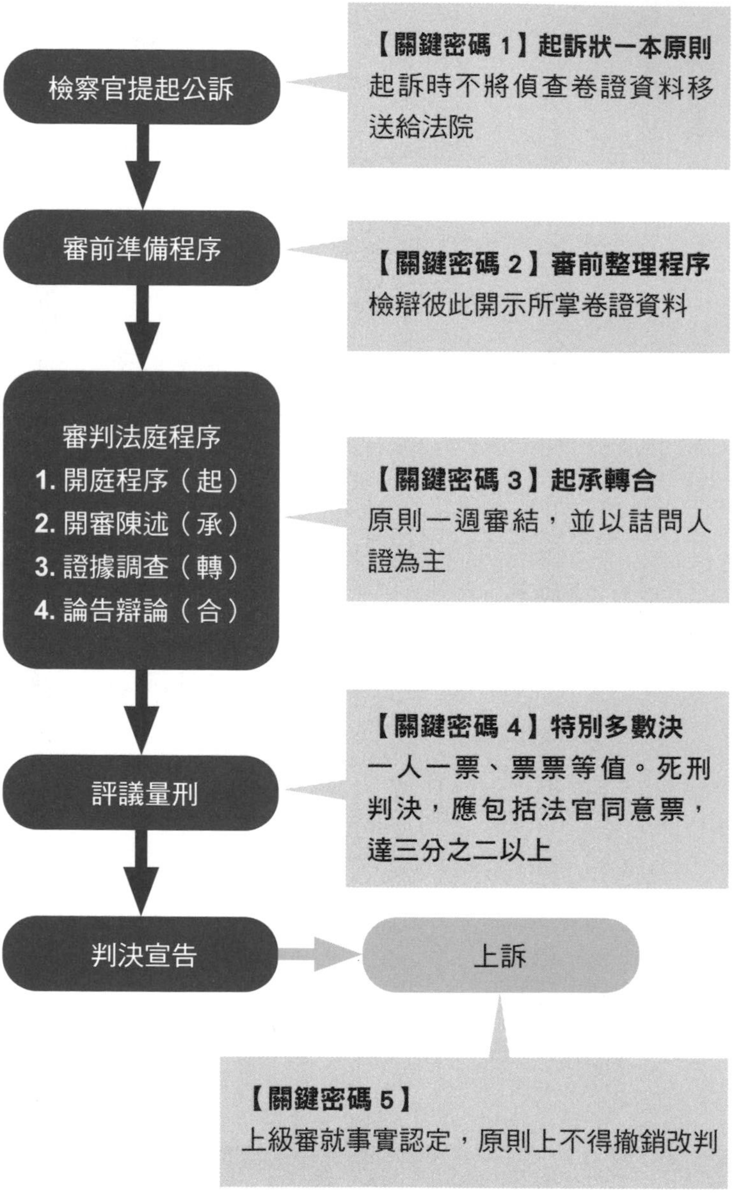
檢察官提起公訴
【關鍵密碼 1】起訴狀一本原則
起訴時不將偵查卷證資料移送給法院
審前準備程序
【關鍵密碼 2】審前整理程序
檢辯彼此開示所掌卷證資料
審判法庭程序
1. 開庭程序（起）
2. 開審陳述（承）
3. 證據調查（轉）
4. 論告辯論（合）
【關鍵密碼 3】起承轉合
原則一週審結，並以詰問人證為主
評議量刑
【關鍵密碼 4】特別多數決
一人一票、票票等值。死刑判決，應包括法官同意票，達三分之二以上
判決宣告
上訴
【關鍵密碼 5】
上級審就事實認定，原則上不得撤銷改判

## 審判程序

國民法官代表一般民眾進到法院參與審判程序，藉由法庭審理程序方能逐漸了解案件概要、審理重點或證據內容等等。因此，為能確保審理過程法律素人目視耳聞、即知其義，應揚棄傳統以筆錄卷宗為主的調查翻閱，改以證人詰問為調查主軸活化法庭。同時，檢辯雙方交手攻防次序應富層次、具節奏。換言之，審判節奏如同文章敘述、說理開展，(1)「起」——開庭程序、立場表明；(2)「承」——開審陳述、案件鋪陳；(3)「轉」——證據調查、輾轉驗證；(4)「合」——論告辯論、心得結論。

## 開庭程序

檢察官說明起訴罪名及其要旨、法官對於被告權利告知、被告抗辯或解釋檢方罪名指控，以便於國民法官審理初始即可得知原告、被告雙方對於案件的看法立場。

## 開審陳述

檢察官、辯護人延續前項看法立場的表述，進一步說明各自如何提出證據予以佐證。同時，國民法官亦可藉此程序，掌握法庭審理的進度順序、檢辯的證據目錄。

## 證據調查

檢察官、辯護人陳現各自證據資料進行論證辯詰，國民法官藉由直接審理接觸第一手證據資料，言詞審理確認證人、鑑定人口語表述的真意，獲致完整心證判斷案情。

## 論告辯論

檢察官、辯護人總結前述證據調查陳述意見看法，國民法官藉以確認雙方見解、歧異所在，並作為後續全體評議討論素材。

審判程序結束後，職業法官與國民法官於評議室的討論主軸，亦先聚焦辯論程序之檢察官論告，另參考辯護人的說法說詞進行檢討、評價，確認檢察官主張案件事實之舉證是否達到「無容懷疑」的程度。亦即，(1)以檢辯論告辯論之主張為出發點，(2)另以先前證據調查內容為判斷基礎，(3)連結開審陳述檢辯雙方主張、爭執。如此，凸顯開庭程序、開審陳述、證據調查、論告辯論以及判決評議各個程序階段意義、功能。

## 判決評議

法官與國民法官依序討論事實之認定、法律適用與刑罰輕重，評議表決一人一票、票票等值。有罪認定應包含國民法官及法官雙方意見在內達三分之二以上之同意；有關科刑輕重應包含國民法官及法官雙方意見在內過半數之意見，惟死刑之科處則需達三分之二以上之同意。

## 國民法官資格

具選舉權年滿二十三歲的國民，就有機會被選任為國民法官。然現涉刑案、未完成國民教育、心智狀態難以表述，或與案件具一定關聯者難期公平而不適格，另與法政軍警相關特定職業為求多元參與亦作排除。惟年滿七十歲、學校師生及執行職務顯有困難得拒絕擔任國民法官。

## 國民法官權利

擔任國民法官將受到充分的保護、保密及安全機制，例如任何人不得揭露國民法官的個人資料之「保密機制」及對國民法官犯罪時加重其刑二分之一，並禁止接觸及刺探之「安全機制」；另外，雇主應提供國民法官公假，不能因而作出職務上不利處分；法院也將依照到庭日數，給予國民法官日費、旅費等相關補貼。

## 國民法官義務

擔任國民法官應獨立審判、依法公平誠實執行職務之業務，並應確實遵守守密義務，否則可能面臨刑法收賄罪及洩密罪之刑事責任。另外，國民法官若有不實陳述、拒絕宣誓、不履行職務及不遵守法庭秩序時，可能受到新臺幣三萬元以下罰鍰之行政處罰。

日本人民參審裁判員制度施行至今，一般民眾曾接獲通知擔任裁判員人員可能者達三百八十萬餘人之多，實際於個案中抽選擔任裁判員者近一百六十萬餘人，經資格程序審查等參與選任程序有六十萬餘人，於法院參與程序者約四十三萬一千人左右，進到法庭參與審判程序者約十一萬六千餘人。換言之，人民參審制度實施後民眾與司法的接點不斷擴大，藉由人民實際參與審判親身經驗、真實感受「一傳十、十傳百」，不僅刑事審判制度特色優劣更加受到放大檢驗，訴訟機制能否維護社會公平正義益加受到社會大眾關心評價。「他山之石，可以攻錯」，藉由本書日本判決量刑及死刑議題介紹說明，用以對照臺灣司法法制及實務運作的特色良窳。「立足本土、面向國際」，期待國民法官制度實施，更能深化臺灣司法民主、落實國民主權。

# 第二章　人民參與審判與量刑

## 評議量刑要有儀式感

二〇二三年開始，臺灣國民法官制度正式上路。年滿二十三歲沒前科、具社會常識價值通念的一般民眾，將有機會與訓練有素的職業法官攜手合作進到法庭，共同參與殺人、酒駕致死等等重大案件的刑事審理程序，論斷個案事實真相是非曲直、決定罪責有無及其刑罰輕重。其中，檢察官、辯護人的犯罪主張、證據調查或論告辯論等訴訟活動，均於「公開法庭」進行，外界得以藉由旁聽等等觀察、檢證。可是，有關被告犯罪與否、罪刑輕重之討論過程、結論判斷，乃於「不公開」的評議室內祕密進行，外界並不能知曉雙方意見、論證過程。同時，人民參審國民法官僅參加第一審程序，二審法院仍由職業法官專斷並因上訴可審查變更一審判決。

對照日本人民參審裁判員制度一審判決死刑案件，及至二〇二三年五月因被告一方上訴二審撤銷改判，經最高法院判決定讞者已有七件之多。然人民參審制度之立法宗旨，《國民法官法》第1條明文規定：「為使國民與法官共同參與刑事審判，提升司法透明度，反映國民正當法律感情，增進國民對於司法之了解及信賴，彰顯國民主權理念，特制定本法。」換言之，創設人民參審制度主要設想：「法院於依法律意旨作成判斷之際，獲得與外界對話與反思之機會，如此讓雙方相互交流、回饋想法的結果，將可期待最終能豐富法院判斷的視角與內涵。」因此，人民參審判決評議的量刑過程，國民法官與職業法官要如何相互討論確保量刑公平，方能真實地反映社會大眾對於法律及正義的情感，並能兼顧審判客觀與公正以維護司法公信？以下，以日本的代表判例「寢屋川市虐童事件」為例，藉由人民參審判決大幅超過檢察官求刑的爭議，用以說明人民參審評議量刑過程的運作方式與思維脈絡。

## 案例1 量刑程序的脈絡——寢屋川市虐童事件

### 事實背景 「罪」與「刑」的均衡

二〇一一年一月二十七日，大阪府寢屋川市寒冷的冬夜凌晨，許多孩子於父母的呵護下進入溫暖的被窩共眠。然而，一對年輕夫婦A、B彼此認可、共謀的情況下，竟對其生養一歲八個月的三女C施以暴行。其中，A徒手用力毆打C的臉頰、頭等部位並將其頭部強壓至地板，造成C急性硬膜下血腫並引發腦腫脹，雖C有被送到附近的醫院治療，但仍於同年三月七日宣告不治身亡。不久之後，負責本案的大阪府地方檢察署便以傷害致死罪起訴A、B夫婦兩人。另經後續審理程序參酌先前類似案件曾經判處的刑期，考量該罪法定刑為三年以上有期徒刑以及本案各項情節等等，乃向法院從重求處被告十年的有期徒刑。然而，裁判員參與本件案例審判評議，宣告比檢察官求刑嚴厲一點五倍之十五年有期徒刑。

## 一審如何反映人民法感

本件經裁判員參與進行審理、證據調查、評議討論後，認為量刑上應嚴懲被告的考量事項：

■有關本件「犯罪情狀」，被告A、B為人父母卻下手虐待親生女C致死罪責任重大，且施以毆打、摔地板等傷害手段極具危險、實屬惡質，並剝奪兒童寶貴生命犯罪結果嚴重。另外，考量平常A、B兩人疏於養護、照顧，並習慣性毫無緣由施加虐待行為。本次，A出手虐待小孩時B未能制止相關惡行，因此A、B兩人須承擔同等的罪責。

■另以本件「一般情狀」來看：被告A、B為人父母但生活態度墮落、不堪，未能營造適合子女成長的環境。另於審判過程，未見

「犯罪情狀」：被告之動機目的、所受刺激、方法手段、實害或危險結果等等，與犯罪情節直接關聯之「行為」屬性事由。相對的，「一般情狀」：被告之生活狀況、品行智識程度及犯罪後之態度，與犯罪情節無直接關聯的「行為人」屬性事由。臺灣實務認為前者攸關被告犯罪責任、處罰輕重以及是否選科死刑之理由，後者則涉行為人有無更生改善可能之判斷。

A、B嚴肅看待過錯或有所醒悟、反省，更把虐待致死的罪責推託給僅為三歲的次女D身上，實有嚴加懲罰之必要。

再者，本件裁判員認為被告應各科予十五年有期徒刑之理由：

■檢察官求刑十年有期徒刑並未充分考量犯罪的背景因素，乃被告為人父母但長期閒疏於照料、撫養子女等兒童虐待之惡質性。更甚者，A、B還將本次犯罪責任推卸給年僅三歲的次女，對此毫不負責任的犯後態度檢察官也未適當評價。

■法院提供法官及裁判員參考的「量刑檢索系統」，其同類型犯罪案件數登錄尚屬有限，難以全面審酌與本案相關的量刑事由，以致不僅無法驗證先前相關案例量刑的妥當性，同時與本件案例相互比較、對照亦有困難。

■有鑑於近來防止兒童受虐的相關法律多所修正，社會大眾要求尊重兒童生命等權益訴求高漲，對於類似本件虐童案件之重大犯罪，若未能相較以往加重刑罰處預或難適切回應當前修法動態、社會情勢。因此，就A、B兩人共同犯下的傷害致死罪，科以接近法定刑上限有期徒刑十五年之處罰應屬適當。

## 二審如何審查一審量刑

A、B及其律師不服一審十五年徒刑判決因而提起上訴，由三名職業法官組成的大阪高等法院則駁回其量刑不當的救濟訴求，並且補充說明如下理由：

一審判決對於「犯罪情狀」、「一般情狀」的量刑判斷並無錯誤。因為一審已就被告各處十五年徒刑，於其判決理由具體說明：檢察官就被告求刑十年徒刑，並未充分考量兒童虐待的惡質性，及被告推諉責任、不知反省的犯後態度。再者，第一審亦就同種類型量刑行情有所說明，認為量刑資料檢索系統僅是迄今判決結果的統計累積，無論如何僅可作評議量刑判斷之參考，於法律規範、事實運用上並不具有任何形式的拘束力，故第一審量刑縱如上訴理由指摘對照量刑檢索系統之同類犯罪的刑罰高出許多，也很難就此認為相關判決結果即有不當。同時，被告兩人雖各處以十五年的有期徒刑，仍在法定刑三年以上二十年以下有期徒刑的範圍內，自屬一審合議庭量刑判斷、自由裁處的範圍內，難以率然認為其刑期過重有所不當。因此，二審法院維持第一審十五年徒刑的判決。A、B兩位被告仍然不服本項判決，進而向日本最高法院提起上訴。

## 三審說明量刑行情運用

日本最高法院認為或可肯定二審法院就一審犯罪情狀、一般情狀的判斷，相關判決理由說明乍看之下或有其道理，但就二審法院維持一審超出歷來實務量刑行情，對於被告二人各處十五年有期徒刑，就評議客觀性、公平性來看認為難以認同，同時提出說明強調：

### 1. 量刑行情確保評議公平

現行《刑法》的規範特色在於同一犯罪構成要件，往往可以涵蓋種種不同的犯罪類型樣態。例如殺人罪，其動機有情殺、財殺等不同，其手法有槍殺、刀殺、虐殺等區別，加以犯罪結果、社會影響等等事項不同，故其法定刑規範可以涵蓋十年以上有期徒刑、無期乃至死刑。此外，實務審判上則以行為責任為基礎，要求每個人為其各自行為負責，以判定各項犯罪的適切刑罰避免「過猶不及」。同時，不難想像隨著實務案例的逐漸累積，各種犯罪類型自然形成其特有的量刑行情。

類此案例累積自然形成的「量刑行情」，縱不當然具備等同法律規範上的效果，但於量刑判斷上因其標示出的「數值範圍」，仍具客觀性、指標性自有其參考價值。再者，避免刑罰輕重判斷流於恣意裁量之失，並且確保法院審判獲致肯認贏得公信，各種量刑事項的審酌應可客觀評估，量刑判斷的結果也應力求公平。因此，同種犯罪類型的歷來量刑行情於個案判斷時納入參考，乃是擔保量刑判斷的程序客觀、適切的重要關鍵步驟。

## 2. 量刑行情深化討論內涵

本項量刑判斷應有的程序步驟，於人民參審裁判員制度應該同樣適用。司改政策創設裁判員制度，主要考量或期待刑事審判可以導入人民觀點，故量刑判斷上就新制實施前所累積形成的量刑行情或有一定的衝擊或影響。換言之，裁判員制度下就個案進行審判量刑過程，並不期待其就新制實施前的量刑行情先行嚴密調查、分析，同時並未要求裁判員審理應有所遵循或比照辦理。可是，縱屬人民參審的裁判員審

日本的量刑檢索系統中，彙整不同犯罪類型之各種社會事實（例如動機、凶器種類、被害程度等）。藉由多種項目、條件選擇，即可知悉該當類型犯罪判決案例的量刑分布，以及簡單事實內容概要以供法官及裁判員參考。

判，其仍應與其他案件審理的量刑結果維持均衡與公平應自不待言。因此，裁判員法庭進行評議過程前，將歷來同種類型犯罪的大致量刑行情，用作參與審判全體成員共通認識的基礎，並以該項基礎為彼此討論的出發點，方能深化個案討論內涵並且確保相關評議的適切性。

### 3. 量刑行情是處罰輕重的量尺

基於前述觀點檢視一審判決，其形式上於判決理由亦有指摘「就同類型案件等發生死亡結果，參考相關故意犯罪等案例量刑行情，進行充分討論、完整評議」，似乎難以否認或也以先前案例的量刑行情作為討論的前提，進而相互檢討評議確定量刑結果。可是，本案一審評議討論過程就檢察官的求刑事項，僅泛泛地指其未能充分評價本案背後隱含虐待幼童的惡質及被告犯後態度的問題，另指涉量刑檢索系統登錄的案量數不足，難以驗證量刑行情的適切性，並直觀認定類此虐童行為的責任重大，應科重刑以回應修法動向以及社會情勢，故而推導出遠高檢察官求刑並近法定刑期上限的判決結果。由此可知，一審判決與歷來量刑判斷並不同調，並且認為逾越量刑行情重判被告應屬相當。如前所述，此項意圖改變歷來量刑行情進行刑罰輕重判斷，就創設裁判員制度目的以觀或許難謂其有何錯誤。可是，為能確保判決評議量刑判斷之客觀、穩定及公平，對於不以歷來量刑行情作為討論基礎之相關事由，裁判員法庭應提出具體明確且更具說服力的理由。

#### 4.社會情勢並非量刑考量

就本案來看，第一審法院認為充分回應當前社會情勢等，就判處被告超過歷來量刑行情水準，且其逾越公益代表人檢察官的求刑十年，判決宣告長達十五年有期徒刑，很難認其相關理由說明已然明確並具說服力。因此，第一審判處十五年徒刑的量刑判斷過於嚴苛並不適當，另第二審以「十五年徒刑仍於法定刑的範圍」肯認第一審判決也顯非合理的論據，若不撤銷顯然違背審判正義、司法公平。因此，本最高法院認應撤銷二審判決，改判A實施虐待行為十年有期徒刑，另B未著手虐待但其放任不管行徑應處八年有期徒刑。

#### 5.評議量刑與法官職責

評議量刑應基於健全的裁量審酌，不能僅憑參與審判人員的抽象法感，並應基於客觀合理的量刑素材判斷，其不因案件是否採行人民參審裁判員的審理均屬相同。再者，職業法官參與裁判員審理的案件，應本於自身就判決評議等等學習素養、實務體驗，同時參考有關量刑的判例資料、學說文獻，強化自己專業深化相關問題思考，另於評議中就個案適用量刑判斷之必要事項，有必要對於參與審判的民眾詳加說明解釋，協助其理解以確保量刑評議能實質討論。

其中，歷來的量刑判例及其累積前人智慧經驗自然形成的量刑行情，縱使其本身並無法律規範上的拘束力，亦會隨著社會情勢、民眾意識改變而逐漸演進。可是，刑罰均衡、審判公平，乃涵蓋適用人民參審案件之全體刑事審判的基本要求。亦即，納入歷來同種類型案件之量刑行情於個案審理的審酌判斷上，其重要性就裁判員案件的審理並無任何不同。相對地，若不遵循此法，量刑判斷將無具體、合理的參考指標，僅能憑空泛抽象、直觀的法感進行，其評議討論難以確保有意義的對話或檢討。

因此，為能確保量刑判斷的客觀與合理，審判長或授命法官於評議前應先以承審案件法定刑為本，說明歷來得為參考案例的大致量刑行情狀況，並以其作為參審人員共同認識的前提，方得進行相關評議步驟。同時，對於裁判員應先就先前同類型案件，乃基於如何考量而為該項量刑判斷，或者該量刑行情的考量緣由及其內在意涵，並就本案而言如何作為參考的前提或基礎等情形詳加說明。換言之，基於前項程序步驟，確認全體成員對於量刑行情的意義、內容有所了解後，方可期待裁判員與職業法官得以進行有意義、實質的意見交換或討論。相對地，參審法庭經由上述程序步驟，其認本案應與量刑行情為不同的判斷，且因類似情形的量刑判斷案例的逐漸累積，以致量刑行情有所變動展現新貌，方可認為相關量刑判斷反映一般民眾的法律感情，同時如此進行方式方能確保人民參審評議量刑的健全運用。

## 想想看

在讀者讀完本篇後，或許會覺得A、B十分可惡，認為應該仍要以最重的刑罰嚴懲，或者認為A、B雖然可惡但也要考量到其他因素，而不能徒以重刑處罰他們。亦即，對於犯罪究竟要以多重的懲罰進行處罰，才能稱得上是公正的呢？同時，這些問題都直指一個核心：

人對於惡的厭惡會引發想要處罰惡人的正義感，但是要怎麼樣處罰會因為不同人內心的主觀想法而大有不同。然而，要如何將這份正義感融入需考量客觀性、公正性的司法審判中呢？而人民到法庭上審判時，要怎麼判斷自己認為的刑罰是比較趨向公正的呢？

日本為能確保量刑判斷客觀、合理，以及維護判決評議的程序正義，參與人民參審的職業法官於量刑討論過程應進行以下的程序步驟：(1)以該當犯罪為基礎參考「量刑檢索系統」，提示足供參考同類犯罪的量刑行情；(2)就該當犯罪類型說明量刑因子、區間及其原因理由；(3)確認量刑評議基礎共識，對照檢辯量刑意見用作評議討論的提綱素材；(4)若有別於歷來量刑行情之意見，具體指出論據說理及判斷形成過程。換言之，人民參審判決評議過程，量刑系統作為評議討論的「出發點」，確認該當案件於量刑行情「定位點」，避免人民參審量刑評議暴走、僵化，並得維護刑罰公平。再者，參審法官與民眾基於量刑行情的共同理解，方得就事論事、實質討論、形成共識，確保評議量刑過程「有溫度」的理性對話。日本現行第一審判決有關量刑理由的說明，或多記載檢索條件、檢索結果等量刑系統運用過程狀況，或者敘明「嚴重」、「稍重」、「稍輕」、「輕微」量刑檢索結果評價定位，強調犯罪情狀之量刑主軸、避免一般情狀過度評價，凸顯各該個案判決評議量刑的正當性、公平性。

**＊關鍵詞：量刑規則、量刑評議**

# 第三章　證據拼圖　死刑判決

## 案例2　無罪推定與死刑判斷——大阪母子殺害事件

### 無罪推定與死刑量刑

刑事程序的基本規則是「無罪推定」，代表除了要先認定被告是無罪清白之外，也不能在證據不夠充足下便一口咬定被告就是凶手。這樣的規則乃是防止事實誤判、避免司法冤獄的防線，同時保障人權、維護司法公信的基本原則。

然而，什麼樣的證據方屬充足，才可以作出有罪的判斷呢？在審判中獲知許多證據後並在內心進行考量時，要把握到什麼樣的程度方能確實認為被告真的是凶手呢？以下，將以日本的代表判例「大阪母子殺害事件」為例，說明無罪推定的具體運用及對於證據判斷的思考方式。

## 事實背景　殺害兩人又縱火燒屋的嫌疑犯

二〇〇二年四月十四日晚上九時四十五分，大阪市平野區的一棟大樓響起火警，警消人員隨即趕到後便將火勢撲滅。而警方在調查火災原因時，發現大樓其中一戶家中有一具女性及嬰兒的屍體，便進行更近一步的調查。

警方在調查過程中，詢問了附近居民失火前是否有目擊可疑人物出沒，而有目擊者表示有看到一位似乎非大樓住戶的男子曾在失火前在大樓附近出沒，且將車停在大樓附近。另外，警方於大樓樓梯轉角處平臺放置的菸灰缸裡搜查到遺落的菸蒂，將其帶回警局鑑定後找出其中有非大樓住戶的男性的DNA，經調查後發現：菸蒂上的ＤＮＡ屬於五十三歲且於大阪監獄任職的森健充所有，且森健充的汽車也與目擊者指稱的車款極為類似，因此便將森健充認定為嫌疑犯並逮捕他。

而於二〇〇二年十二月，大阪地方檢察署以殺人罪起訴森健充，並認為：本案案發大樓的一戶房間為森健充之養子B所有，而森健充與其養子B先前時有摩擦導致關係惡化，從而產生做案的念頭。於四月十四日下午至晚上這段時間，森健充悄悄來到B居住的大樓家中，趁B外出不在以尼龍繩勒斃其二十八歲的妻子C，並至浴室將當時一歲十個月大的小孩D壓入浴缸溺死，接著再以打火機引燃屋內報紙、衣物等燒毀該屋。

## 爭議所在　以一根菸蒂便認定犯人

負責本案的大阪地方檢察署認為森健充就是奪取兩條人命，更為了湮滅證據而縱火燒毀房屋的凶手，必須處以極刑。而認定犯人即是森健充的證據是：

■大樓樓梯轉角平臺所放置的菸灰缸中發現的菸蒂，不僅是森健充平時所抽的品牌，上面附著的唾液之ＤＮＡ更與森健充的一致。

■附近居民的目擊證詞表示，案發當日下午至火警前一小時左右，看見與森健充持有的同廠牌、同顏色的汽車停放於大樓附近。且亦有目擊者表示，在下午三點左右，有看到類似森健充的人出沒於大樓附近的打擊練習場。

■森健充與B、C曾因財務、情感問題而有糾紛，甚至導致原本與他同住的B、C搬離並不告訴他新居在何處，這些嫌隙讓森健充有十足的動機。

森健充的辯護人認為犯人根本不是他，應該無罪釋放。而不應輕易認定森健充為犯人的理由是：

■於大樓所搜查到的菸蒂，可能為森健充曾將其常使用的隨身式菸灰袋交給B、C，而C在清理該菸灰袋時，將裡頭的菸蒂倒進大樓樓梯轉角的菸灰缸中。

直接證據：直接證明被告犯罪事實而無須推論之證據資料。例如：目擊者證言表示確實看到嫌疑人，或者實際錄像犯罪過程之監視器畫面等。

間接證據：指的是無法直接證明某些事實，惟能用以推測、連結犯罪的證據資料。例如：犯罪現場遺留的被告的指紋，縱無法證明被告犯罪，但能證明其曾現身犯罪現場。

■即使認為案發前停放於大樓附近的車輛確實為森健充所有，森健充也僅是為了尋找隱藏行蹤的C而前往大樓附近。

■森健充不知道B的住址究竟在何處，也根本沒有進入該大樓。

由於檢方所提出的證據，都沒有可以直接指認犯人就是森健充的「直接證據」，而只有僅能間接推論犯人可能是森健充的「間接證據」，因此法院要如何判斷、評價這些間接證據是否確實具有認定犯人即是森健充的信用性，成為了審理中最大的爭議點。

## 地方法院職業法官的判斷（一審判斷）

這個案件的第一審於二〇〇二年被移送到大阪地方法院，由於當時裁判員制度（二〇〇九年開始）尚未實施，因此均由職業法官進行審理。

經調查後發現，被告森健充於養子B年紀尚小時，與B的生母E結婚並撫養之，而B成家後仍與森健充、E有所往來且有段時間住在一起。然而，因B於外頭欠債、小三等問題而使雙方關係日趨冷淡，而後森健充甚至連B在二〇〇二年二月搬家後都不知其新居地址（即本案發大樓）所在。

大阪地方法院在調查完證據後，提出理由如下：

**森健充是否於案發當時進入大樓現場犯案？**

B居住大樓階梯轉角平臺放置的菸灰缸中，發現被告平日抽菸使用品牌的菸蒂，並經鑑定其上附著唾液的DNA與森健充的相同。而森健充主張是先前將自己慣用的菸灰袋交給C，而C清理時所倒入的，但如果菸蒂經過菸灰袋壓熄並放入後，應該會呈現壓扁的樣貌，且菸灰袋口應該也會沾滿菸灰，然而警方所搜查到的菸蒂、菸灰袋均無這些情況，因此森健充的說詞並不值得採信。

此外，依據目擊者的證言指出，案發當天下午三點多，森健充不僅有出現在距離大樓約八十公尺遠的打擊練習場，且與森健充持有的同廠牌、顏色之車輛，曾於案發當日下午至晚上失火前，停靠在大樓外一百公尺處。而後森健充亦供稱，坦承案發當日有去尋找養子B所居住的大樓，並有開車前往大樓一帶。

另外，案發當日森健充原本與其妻約定案發當天傍晚會去接她，但無特別事由卻臨時爽約未到。故推定大約於C、D死亡時間點前後，森健充關掉手機，且其雖有傳訊息給妻子留言不去接送，但直到該屋發生火災後的二十分鐘左右，其妻也聯絡不上他等。凡此種種顯不合理的情況，實可推認森健充犯下本罪之可能。

## 森健充的犯罪動機為何？

森健充案發前便曾發生與養子B、被害人C有所摩擦以致心中積怨之情事，以此可推認當天被告有到現場，並犯下本罪之可能。亦即，經調查得知森健充為養子B擔保外面債務並被催逼，但未見B表示感謝或有何負責的態度，從而產生嫌隙。另外，B先前與其妻兒C、D一同搬回森健充家中同住時，森健充曾對C有非分之想，甚至想擁抱、親吻她，但均遭拒絕。且森健充對C袒護丈夫或見到兩人親暱相處便心中有怨、頗為不悅。因此，森健充與C互動或言語間若有發生衝突，一時引發怒氣乃至案發當天到現場下手犯罪並非不可能的事情。

大阪地方法院認為森健充不僅有強烈的犯罪動機，且依據檢方提出之證據進行整體性的審酌、評價，進而將各個零散的事實相互連結並補強彼此的信用性後，認定本案的真凶即是森健充無誤。但考量森健充的犯罪並沒有計畫性，是出於偶然或臨時起意，沒有完全符合永山基準可以判處死刑的條件，因此於二〇〇五年判處森健充無期徒刑。

## 高等法院職業法官採信檢方主張（二審判斷）

主張無罪的森健充與他的辯護人、認為應判處死刑的檢察官均無法接受無期徒刑的判決，因此雙方均於二〇〇六年向大阪高等法院提起上訴。

大阪高等法院贊同地方法院的有罪判決，並採信檢察官的主張：森健充奪取兩條人命，其結果重大，難有更生的可能。此外，大阪高等法院更認為森健充與其辯護人主張真凶另有其人是虛偽不實的主張，也未見他有反省的態度，因此宣判森健充死刑。

## 最高法院職業法官的最終判斷（三審判斷）

森健充與他的辯護人無法認同死刑的判決，因此向日本最高法院提起上訴。

日本最高法院嚴謹地審視所有間接證據，以「進入大樓殺人縱火的犯人是否是森健充」、「檢方提出的犯罪動機是否合理」這兩個爭議點為核心進行考量，並於二〇一〇年作出判決：

沒有可以證明森健充有進入大樓並殺人縱火的直接證據，而使用間接證據進行推敲拼湊，是否就可以直接認定犯人就是森健充？

首先，先就在案發大樓發現的菸蒂進行審視。

森健充主張並非自己到現場所丟棄，而是先前曾將自己使用的隨身式菸灰袋交給該B、C夫妻兩人，C有可能在清理菸灰袋時，將袋內的菸蒂丟棄於大樓樓梯平臺的菸灰缸。但第一審、第二審之判決均否定森健充的主張。

兩個判決否定森健充的主張此一事是不合理的。兩個判決均認為若是經由菸灰袋再丟棄者，被放入的菸蒂應有為了以袋口壓熄菸蒂而產生的按壓、變形痕跡，且該菸灰袋口也會因按壓熄火沾滿許多菸灰，惟警方搜查到的菸蒂是平整的，菸灰袋口上也沒有菸灰，故認為是案發當天森健充遺棄在菸灰缸裡。另外，對於辯護人所提出原本白色的菸蒂頭很難在短時間變為茶色，不可能是案發當天森健充所丟棄之質疑，原判決均認為僅是菸頭沾染森健充的唾液後丟棄菸灰缸中因而變色所造成。

然而，本案中的隨身式菸灰袋屬塑膠製品，依使用者習慣不同，菸頭如何變形、菸灰袋口的菸灰沾染情況，不盡然如同兩個判決所認知的樣貌。再者，警方所搜查到的菸蒂乃案發隔天隨即蒐證採集，不過若仔細審視現場勘查照片可見這些菸頭全變成茶色。一般情況下若非泡過水，短時間內應不會如此變色，原審判決對此並未進一步調查為合理的解釋說明。亦即，本案中的菸蒂是否為森健充案發當天所丟棄，是判斷他是否本案真凶中最具關鍵的事實。第一審及第二審判決僅關注聚焦ＤＮＡ型的一致性即作判斷推論，但對森健充所提出的具體主張之疑點並未詳加審理調查說明，其事實認定難謂合理。

接著，就目擊者看到案發當日有類似森健充的男子於大樓附近出現、與森健充的車類似之汽車停靠在大樓附近之證言，以及森健充後來表示有開車前往大樓附近的供稱進行審視。

這些間接證據僅能夠證明森健充當天可能有到現場之事實，但仍無法合理解釋森健充確實有進入大樓犯案。

另外，就案發當時森健充關掉手機的事實進行檢討。兩個判決均認為本案屬臨時起意的犯罪，那麼認為森健充事前故意關閉手機圖謀方便犯罪之推論則難以認為合理。

**檢方所主張的犯罪動機：認為森健充因為過去與B、C均有嫌隙而產生本案的犯罪動機，是否合理？**

檢方所提出的證據僅能夠說明「森健充可能與C產生糾紛而轉為積怨」的情事，但並不足以積極證明森健充殺人又縱火的動機。

日本最高法院認為，第一審判決被告有罪的主要理由，在於否定「森健充先將菸蒂放入隨身式菸灰袋再由C所丟棄」此一主張，而認為他是在案發當天丟棄於菸灰缸中，並且輔以其他間接事實認定森健充案發當下到過現場犯案。同時，第二審判決肯認第一審所認定的事實，對於被告所主張對於菸蒂的可疑點也未能再進一步充分審理，其相關事實認定實有疑義並影響判決結果，若不予以撤銷顯然違背司法公平正義。

此外，日本最高法院除了指出第一審及第二審判決中的疑點，更提出刑事審判時有罪認定之證明判斷標準——若要判定被告確實有罪，必須「達到一般人都不會懷疑的程度」才能作出有罪判決。

而「達到一般人都不會懷疑的程度」此一標準，無論依間接證據或直接證據進行事實認定都是相同的。但是，如果沒有直接證據，僅考量間接證據推測事實作出有罪判定，應可認為「如果排除被告就是真凶，則難以合理解釋案情」，或「認為被告不是真凶，但其說明實屬牽強」。

日本最高法院認為第一審的判決僅依靠間接事實相互拼湊與補強便認定本案真凶就是森健充，有許多令人起疑之處；第二審的判決未能仔細審查第一審判決中缺漏的疑點，因此除了撤銷大阪高等法院的二審判決外，更認為負責第一審的大阪地方法院沒有確實調查證據再作判斷，便將案件發回大阪地方法院。

之後，檢察官雖然補充偵查追加證據，但大阪地方法院貫徹日本最高法院所說的「達到一般人都不會懷疑的程度」的標準並明白表示：「依據相關證據認定之間接事實，即使假定森健充並非犯人，亦可合理解釋案情。另就森健充與被害人C間具有特定關係及諸多間接證據來看，縱使認為森健充不是凶手，也不會導致難以說明案情。」因此，大阪地方法院認為檢察官的主張及證據不足以證明森健充有犯下本案，於二〇一一年改判無罪定讞。

## 想想看

在民主法治社會中，刑罰處分乃最嚴厲的手段，而死刑判決更是最極致的國家制裁，因此要判斷「凶手是否真的是被告」更是一個重要且必須謹慎考量的課題。然而，很多時候並無法完整地找尋到百分之百可以認定真凶的證據，有時必須仰賴審判者的判斷。

刑事審判對於事實的認定如同拼拼圖一般，彙整片斷線索、拼湊零碎圖像，整理歸納案情大致的樣貌及較為合理的説明，進而判斷推論出所謂的「真相」、形成最終判決。然而，多元社會中每個人對於一件事情的判斷、認定常常會有所不同，在刑事審判中要如何解讀這些片斷線索、零碎圖像也往往因人而異。不過，本書認為並非代表在判斷或解讀時可以隨意連結，而是存有條理、有説服力的思考方式。

除了日本最高法院判決所説，在作出有罪時應「達到一般人都不會懷疑的程度」，我國最高法院九十三年度台上字第3360號判決也指出：「認定犯罪事實所憑之證據，並不以直接證據為限，間接證據亦包括在內，審理事實之法院，綜合卷內之直接證據、間接證據，本於推理作用，於通常一般人均不致有所懷疑，得確信其為真實之程度者，即非不得據為被告有罪之認定。」換句話說，我國最高法院的想法與日本最高法院相同，認為在審理時無論直接或間接證據都可以作為判斷時的參考，但是要達到「通常一般人均不致有所懷疑，得確信其為真實之程度」，才可以作出被告有罪的判斷。

讀者們或許可以理解，在聽完檢察官、辯護人雙方的主張及提出的證據後，如果看到可以明確證明被告就是犯人的「直接證據」，那麼可以直接作為參考，判決被告有罪。然而，若是看到間接證據，要怎麼知道如何運用呢？本書建議，在看到間接證據時，首先要考量該項證據本身的信用性，接著評估證據能夠證明的範圍，並思考自己推論的方向是否有合理性。以下將以日本最高法院的近藤崇晴法官審理本案時所提出的意見書作為範例，讓讀者理解如何判斷及運用間接證據。

先將本案檢察官的主張進行精解及分段：ⓐ警方所搜查到的菸蒂是案發當天森健充所丟棄的，ⓑ他當天來到該大樓及被害人C住處所在，ⓒ並且實際進到該被害人C家中，ⓓ殺害被害C、D母子二人另縱火燒毀房屋。

接著，將分段來審視檢察官對於自己的主張是否有提供充足的證據：

ⓐ檢方表示菸蒂上沾染了森健充的DNA。但是有可能是C先前收受森健充的隨身式菸

灰袋，回家後清理時丟棄的，並且檢方也未能進一步提出其他證據證明就是森健充所丟棄的，因此證據不夠充分。

ⓑ檢方提出目擊證人的證詞，看到類似森健充的人出沒在大樓一帶、看到類似森健充的汽車停放在大樓附近。但證詞僅表示「類似」，而且證詞也未能明確指出類似森健充的人有進入大樓，因此證據不夠充分。

ⓒ檢方沒有提出相關證據明確指出森健充有進入大樓。僅依照警方搜查到的菸蒂、目擊證人的證詞進行推論，因此證據不夠充分。

ⓓ檢方沒有提出相關證據證明森健充有殺人、縱火的行為。僅依照警方搜查到的菸蒂、目擊證人的證詞進行推論，因此證據不夠充分。

換句話說，依據間接證據認定推論被告犯罪時，法庭在調查相關證據並認定被告為真凶時，如果認為自己的判斷具有合理性且似乎沒有矛盾便認為被告有罪，或許是過於躁進的。因此，仍應進一步檢討相關事實情節有無「如果排除被告就是真凶，則難以合理解釋案情」，或「認為被告不是真凶，其說詞實屬牽強」之情形。

在這個案件中，日本最高法院認為負責本案的檢察官所提出的證據都無法直接證明森健充確實有犯罪，因此判決無罪。你認同日本最高法院的判決嗎？理由是什麼呢？

若你是國民法官，你會判處森健充有罪嗎？理由是什麼呢？

＊關鍵詞：犯罪類型（懷恨殺人）、動機（感情糾紛）、手段（勒死）、求處死刑但無罪定讞

## 案例3　沒有直接證據的死刑拼圖——首都圈連續不審死事件

法院在審理案件時，必須基於在法庭所提出，而且經過合法調查的證據，才能判斷被告有罪，死刑案件也不例外，稱為「證據裁判原則」。但怎樣的證據才能夠拿來提供法院作為認定犯罪事實的依據呢？例如，當甲拿刀刺死乙，而過程也被監視錄影器拍下來，這時就可以將監視錄影畫面作為直接認定甲有殺人的證據。而這類的證據，因為不需要經過法院的推論，可以直接由錄影畫面本身直接證明被告有殺人，我們稱為「直接證據」。

不過有時候，聰明的犯人在犯罪時如果沒有留下直接證據，但在現場遺留下指

紋，也就是只能證明被告在現場逗留過，不能證明有殺人時，我們稱這樣的證據為「間接證據」，又或者有人叫「情況證據」。對比「直接證據」可以用來直接證明被告犯罪事實，法官要使用「間接證據」來證明被告有犯罪時，就必須考量證據本身是否具有可被信賴之「信用性」，也必須要評估使用該證據的推論過程是否合理等等。如同在拼拼圖一樣，拿起一塊拼圖時，必須討論拼圖的邊框是否可以對準、是否可以契合、如果契合時則顏色對不對等；在拼好完整的拼圖前，都必須反覆地討論這些問題，對於法院來說，這是非常複雜的過程。

也因為法院並不是神明，無法透過證據的調查百分之百還原案發現場，因此當透過直接證據或間接證據，無法達到「沒有合理懷疑」證明被告真的有犯罪，無法形成確實的心證，就必須作出對被告有利的認定，也稱為「事證有利於被告原則」。

## 爭議所在　間接證據與死刑判斷

這個案例，是發生在日本東京都、千葉縣、埼玉縣等三地的連續可疑死亡事件，日本媒體也稱作「首都圈連續不審死事件」。這個案件的被告，是假藉結婚活動，犯下詐欺、竊盜、殺人等多項罪嫌，案件於二〇一七年經最高法院駁回上訴後，死刑定讞。審理本案的法院，在調查犯罪事實的過程中，沒有直接證據證明被告殺人，參審裁判員及職業法官透過現場燒剩的木炭盆等間接證據，證明被告有犯罪。接下來，就來看看法院如何透過「間接證據」，判決被告死刑的殺人犯罪推論過程。

## 案發經過

二〇〇九年八月，警察在埼玉縣富士見市停車場的車輛內，發現四十一歲男子F因燒炭導致一氧化碳中毒死亡。經警察調查後鎖定F生前女友，也就是當時三十四歲的本案被告木嶋佳苗，並發現木嶋前幾任交往對象有不少人都是非自然死亡，因此警察以假結婚真謀財害命名義，逮捕木嶋佳苗。其後，檢察官以被告木嶋涉嫌殺人、詐欺等罪向法院起訴，經法院調查後，依照時間先後順序發現下列事實。

被告利用註冊交友網站會員，以需要支付學費、房租及其他生活費為理由多次向多名被害人騙取錢財，得手約八百萬日圓，其中也有被被害人識破而未得逞。被告除了利用交友網站詐騙男性外，更有多次以假裝結婚為目的，向多名被害人借錢後將被害人殺害，並將其偽裝成自殺的樣子，欺瞞大眾。

例如，首先，木嶋佳苗向C借錢後，為了不想償還借款，便在東京都青梅市的被害人家中，趁其睡覺時以燒炭方式使其一氧化碳中毒死亡，以營造被害人是自殺的假象。又從交往中的D處收下錢，為了不想還錢使當時八十歲的D服下安眠藥昏睡後，再以燒炭方式使其死亡，過程中還引發火災使其住家付之一炬。之後，被告在交友網站上認識E，以結婚為由從E處騙取錢財，但被E識破而未得逞。最後，被告假借要與F結婚，從F處騙取四百七十萬日圓，且為了不想還錢，便以安眠藥使其昏睡在車內，再以燒炭方式使其一氧化碳中毒死亡。

木嶋佳苗所交往過的三任對象，剛好都是一氧化碳中毒死亡，發生一次就是偶然，發生兩次就是巧合，如果發生三次、四次等，那就有可能是被告所為，因此檢察官鎖定木嶋佳苗就是本案的犯人。

## 審理與判決

本案由於是殺人的重大案件，便由法院採取裁判員參與審判的方式進行審理，經埼玉地方法院審理後，裁判員與職業法官共同決議判決死刑，其後在二〇一七年四月被告上訴被駁回，宣告死刑定讞，她也成為日本第一審裁判員審理案件所判決的第一位女性死刑犯。限於篇幅，僅就被害人C的部分進行說明。

## 一審法院怎麼說

被告的律師爭執，被害人C的死亡是因為自殺所導致，且D有可能是因為失火而死亡，又F也是因為自殺而死，三人的死亡都與被告無關。對此，法院針對個別殺人案件一一地以證據檢驗被告是以偽裝燒炭自殺的方式，殺死C、D、F三人。

首先，關於被害人C死亡的案件，法院先基於以下理由認為被害人是遭他人殺害。也就是說，依照從被害人家中發現十六個練炭（又稱為「蜂窩煤炭」）中，至少有三個練炭是G公司製造。因為C完全沒有使用練炭料理食物的痕跡，而且從C家出發半徑五公里內的商家也沒有販賣G公司的練炭，被害人也沒有自行買煤炭的紀錄。在同一段期間內，在被害人家附近的三間建材超市，也只有一家有賣G公司出產的練炭。而且，練炭總共十四入一包重達十九點六公斤，加上包裝不易手持，在被害人沒有使用網購購買練炭的前提下，因為距離建材超市有二點五公里遠，很難想像被害人會反覆地開車或騎腳踏車到建材超市買如此多的練炭。因此，可以強烈推論被害人是被他人所殺害。

此外，在C家發現的練炭炭盆，經過法院傳喚製造商作為證人，仍無法判斷炭盆的製造商，而且關於被害人是否有入手炭盆的痕跡，如果可以判斷炭盆的製造商，也無法作為判斷C到底是自殺或者是他殺的證據。再加上，現場也沒有C使用炭盆料理食物的痕跡，很難想像被害人會準備數量如此多的炭盆，而且與被告離別的幾天後，C以自殺目的準備那麼多炭盆也是非常不自然的。因此，從C家被放置六個炭盆的情況，對於C是被誰殺害的事實雖然薄弱，但仍可予以間接證實推論。

另外，關於C的備份鑰匙不見，現場也找不到有被誰侵入的痕跡。C玄關門的鑰匙，C本人持有原鑰匙，至於C的姊姊及母親各持有一支鑰匙，也因為C需要備份鑰匙，向母親取回一支備份鑰匙後，在該時點被害人是有兩支鑰匙的，不過在遺體被發現時，四處蒐找也只有發現其中一支。既然被害人是在密室中死亡，如果現場遺留有兩支鑰匙，則C自殺的可能性極高；但事實上卻遺失一支鑰匙，可以認為有人原本想要製造出C是在密室自殺的假象，卻拿走其中一支鑰匙離開。因此，從C的備份鑰匙不見這件事，也可以推論是被某人所殺害。

又關於被害人C的筆電及記事本不見一事，在遺體發現時，發現近兩年內的記事本不見，再加上筆電也不見，有可能犯人將具有能與身分連結的筆電及記事本取走，但也不能排除是C自殺前所銷毀。不過，以上的事情與C被誰殺害一事也沒有互相矛盾。

緊接著，法院檢討本案的真凶與被告木嶋是不是同一個人的證據，也就是「犯人與被告同一性」的問題。

## 同廠牌炭盆——偶然？

首先，關於從被害人家中發現的六個炭盆中，有兩個與H公司製造的炭盆高度類似，有一個具有較高的相似度，剩下的三個則與I公司製作的炭盆具有高度類似性。根據其他關係證據顯示，被告是在平成二十一年（二〇〇九年）一月五日向J公司下訂三個炭盆，J公司則在隔天向批發商K公司下訂H公司製造的炭盆四個，同月九日寄送三個炭盆給被告。而根據這一連串的過程，也可以判定被告確實在同月五日下訂購買三個H公司製造的炭盆。此外，根據關係證據顯示，被告於同月二十四日也向I公司下訂I公司製造的炭盆三個，並於同月二十八日取貨。也就是說，被告購買H、I公司各三個炭盆，在被害人家中也發現了近似H、I公司所出產的炭盆各三個。

假設C是被某個人殺害，而犯人是在犯罪過程中準備炭盆並使用該炭盆之人的話，因為案發現場發現數個生產公司的炭盆中，與被告在同月三十日持有從C家發現同一數量的炭盆，且在C家發現的六個炭盆中，有兩個與H公司製造的炭盆具有高度類似性，一個具有較高類似性，剩下的三個具有與I公司製造的高度類似性。觀察以上的炭盆，類似製造商的炭盆，三個炭盆甚至連製造商或數量都具有高度類似性，這樣很難稱之為偶然。因此，以H公司及I公司在市面上流通的炭盆數量作為考慮的重點，能夠有一定程度推認被告就是真正的犯人。

再加上，在平成二十一年一月三十日晚上，被告在C家也收下了三個大紙箱，這三個大紙箱也可能裝得下六個炭盆，與被告為本案的犯人並不矛盾。又被告辯解三個大紙箱裡面是調理用具，不過證人L在幫被害人整理遺物時，也不記得有看到三個大紙箱，且證人L對於自己與母親在C宅中放置的調理用具都非常熟悉，整理C的遺物時因為想起過往，也將C宅的樣子拍攝下來，可見證人L高度關心C宅內所存在的東西，很難想像是L的記憶出了問題，因此證人L的供述是可以被信任的；反過來說，被告的辯解是不可信的。

## 大量練炭——巧合？

其次，法院以發現的練炭數量作為推論被告就是犯人的依據。從被害人家中發現的十六個練炭中，至少有三個是G公司製造，而根據其他證據被告承認在同月五日及二十四日在網路上購買十六個練炭，並且在二十八日之前領貨；又被告在同月三十日下訂了與在被害人家中發現同樣個數的練炭，至少有三個的製造商相同，很難說是偶然的巧合，再由G公司的練炭於市面上的流通量判斷，有一定程度可以推定被告是犯人。

對此，被告辯解之所以買那麼多炭盆與練炭，是為了料理使用而買入，之所以為數眾多，是因為想要做在不同條件下同時煮豆的實驗，在平成二十一年一月上旬所買的練炭與炭盆都在同月下旬時被丟掉了。對於以料理為目的而購買炭盆跟練炭，在數量上顯得不自然，也很難具體說明為何購買如此數量的炭盆與練炭，很難相信被告的辯解。另外，被告也有開設關於料理食譜的部落格，雖然部落格中記載有用練炭煮炊食物的食譜，但被告本身對於是否一定要以練炭烹煮一事不具有明確的記憶。再加上，被告無法合理說明為何該部落格中沒有任何關於練炭的具體記載，進而推論將炭盆丟棄的過程顯得不自然。因此，被告的辯解不自然且不合理，不具有可信用性。

## 備份鑰匙——真的有可能是巧合或偶然嗎？

遺體發現時的C宅，所有的出入口都被上鎖，玄關的備份鑰匙一支不見。又根據相關證據，C宅內沒有任何爭吵或打鬥的痕跡。另外，根據證人L表示，在平成二十一年一月十八或同月二十四日其中一天（因為記憶模糊的關係，確切日子記不大清楚），被害人的媽媽交給被害人C鑰匙，是因為要把鑰匙交給以結婚為前提且預計要先同居的被告，而C也說因為被告想要備份鑰匙，所以被害人媽媽才會將備份鑰匙交予他。其後，根據其他證據顯示，被告在同月二十五日與被害人C在池袋見面，同月三十日也拜訪C家，可以認為有充分的機會被告是從C手中取得備份鑰匙的。

又根據案發現場，犯人是以六個練炭盆及十六個練炭拿進C宅，將練炭點火後把C宅弄成密室狀態，也沒有任何爭吵、打鬥痕跡，可以排除是無差別殺人或被陌生第三人殺害的可能性。因此，本案的被告由於具有入手備份鑰匙的可能性，且以結婚為前提先行同居，與C具有親密的交往等，可以相當程度地推認被告就是本案的犯人。

**被告有殺人動機，相反被害人沒有自殺動機——是不是有可能是被告做的？**

根據證人L，也就是被害人的姊姊的說法，被害人C跟他說，於平成二十一年一月一日以後，就會跟被告結婚，同月四日被告為了同居就把衣服等行李搬到C家，同年月底就開始同居。之後，也聽說被告的姑姑於同月下旬，在結婚證書上的證人欄簽名，於同年二月十八日提出。另外，於同年一月三十日前兩、三天，被告寄給C一封關於討論要去見被告姑姑的伴手禮的email，並且於同月二十九日C在電話中說下次週末要一起去見被告的姑姑。

法官認為，證人L身為被害人C的姊姊，對於C即將結婚感到開心，而且也關心結婚的狀況，也很難有記憶錯誤的情況，L的證詞也非常具體且沒有不自然的地方，此外被害人C於同月十一日買了價值八十萬日圓的禮物送給被告，也於同月十八日購買冰箱、洗衣機等家電，有客觀的根據可以看出確實是為了結婚所作的準備。又證人陳述時，態度冷靜，也無發現有虛偽陳述的情況，因此證人L的陳述是可信的。因此，法官認為，被害人C透過與被告的聯繫，相信被告將與自己結婚而進行結婚的準備。

不過，根據其他證據顯示，被告在與C準備結婚的期間，在同月十日於網路上認識B並與其交往，接著還一起去了旅館，且與先前交往至今的O也發生肉體關係的親密交往以及繼續賣春行為，最後也沒有去被告的姑姑家取得其在證人欄上的簽名，也沒有將被害人C介紹給被告的家人。法官認為，被害人C深信被告將與自己結婚，但是被告卻一方面與B去旅館，與O繼續親密肉體及賣春關係，也沒有將被害人介紹給自己的家人。而且如果這些事被C知道，應該也很難繼續與被告結婚，因此法官認為被告並沒有認真地想與C結婚，也沒有以結婚為前提與C交往。

除此之外，被告也從C取得將近七百萬日圓的金錢援助，C是認真地以結婚為前提與被告交往，也不難想像會借給被告那麼多錢。如果C知道被告並不是想與他結婚，很簡單的想像是可能會被請求返還借款。而且，被告與C說要結婚並且開始同居後，也並未取得姑姑在結婚證書證人欄上的簽名，也沒有積極地做出任何努力取得簽名。因此，法官認為，被告不想要被C知道內心的想法，而被要求返還借款，最後不得已只好與C結婚，為了想要從這個困境逃出，最後決定將C殺掉也不奇怪，因此可以說被告與真正的犯人是同一個人。

## 有罪判斷——被告殺死C

首先，被害人C是否自殺或者遭他人殺害的問題，法院根據上面的推論，依據常識可以認為被害人C幾乎確定是被他人殺害。再加上C也沒有自殺的動機，更能認定C是被某個人所殺害。而且，各個房間中的練炭是被分散放置，以及放置在陽臺紙箱中的練炭被拿出來等，縱使無法被清楚解釋前提下，仍無法動搖他殺的結論。

接著，被告是否為殺害C的犯人問題，法院認為：從事前可以將六個炭盆以及十六個練炭，在沒有爭吵痕跡下將C殺害，並能將C家弄成密室而離去的狀態考量，犯人與C熟識，且是有機會能拿到玄關鑰匙的人。被告以與C結婚為前提交往，而且也有充分的機會拿到備份鑰匙，再加上找不到有其他具有這樣機會的人，因此幾乎可以把犯人鎖定是本案的被告。而且，被告也持有相似性極高的炭盆以及同樣數量的練炭，再進一步將取得同種以及相同數量的練炭、被告有殺害C的動機、保存與被告交往相關情報的筆記型電腦以及與被告交往期間等近兩年來的記帳本被拿走等情況一併考量，殺害C的僅能是被告一人。

再加上，身為男性成人的C，是在燃燒練炭後毫無抵抗下一氧化碳中毒死亡，發現遺體時C的棉被也放置在旁邊，並且考量C是外力介入被下安眠藥等，可以認為被告是以某種方式使C進入睡眠狀態後，在沒有抵抗能力的前提下，將其殺死。而且，被告在本件犯罪被發現後，在電話中對警察說，C是自殺死亡等，可以認定是被告編造故事、欺騙警察。

因此，可以認定被告是以假裝被害人C為燒炭自殺方式，以某種方式使C陷入睡眠等不能抵抗的狀態，燃燒數個練炭後，使其一氧化碳中毒而死亡。法院因而認定被告成立殺人罪。本案也因被害人數共有三人，最終被告判處死刑定讞。

## 想想看

根據《刑事訴訟法》第154條第2項規定「犯罪事實應依證據認定之，無證據不得認定犯罪事實」。也就是說，要認定被告真的殺死C之前，必須要依照證據認定犯罪事實，叫做「證據裁判原則」。如果沒有證據可以證明被告真的殺害C，法院只能判決被告無罪。

在這個案件當中，如果有監視器畫面直接拍到被告殺死C過程的畫面，就可以直接以監視器畫面作為認定被告殺死C犯罪事實的證據，稱為「直接證據」。不過，不是每個案件都那麼的「幸運」有證據可以用來直接證明犯罪事實。在本案的密室中，沒有決定性的證據，可以直接推斷被告殺害C，所以就必須使用其他的證據了。

除了直接證據可以用來證明犯罪事實外，其實「間接證據」也可以在經過經驗法則及推理過程後，用來作為認定犯罪事實。例如，在本案中有炭盆的廠牌及數量、備份鑰匙、C的電腦及帳本不見、被告向C借錢、C遭發現時身處密室且無打鬥痕跡等，透過這些證據，再加上法官的生活經驗，用來推論被告是不是殺死C的人。而最後，如各位所見的，法院先認為C是遭他殺死亡，再一步步透過間接證據推論殺死C的正是本案的被告！

在讀完這篇事實，並且思考過所有的可能性，你會認為C是遭到被告所殺害的嗎？如果你是法官，你會判決被告有罪嗎？

**＊關鍵詞：犯罪類型（為取得保險金殺人）、動機（利慾薰心）、手段（以燃燒練炭方式故布疑陣，假自殺、真殺人）、結果重大性（三名被害人）**

# 第四章　死刑執行方法

## 案例4　執行絞刑的正當性——大阪柏青哥店放火殺人案件

目前臺灣刑罰制度中仍存有死刑制度；但是，死刑是否具備正當性之憲法論據，大多僅有「法律條文」之抽象評價，仍欠缺死刑量刑之具體說理。另外，多數人在討論被告是否應判處死刑的同時，對於死刑執行方式是否有所認識？死刑執行方式到底有哪些？執行方式是否過於殘虐？判處死刑背後的意義為何？等，這些都是審判過程較少討論到，但對於公平審理及判決卻是相當重要及關鍵的因素。臺灣在二〇二三年一月一日開始實施國民法官制度，適用案件主要為：「所犯最輕本刑為十年以上有期徒刑之罪及故意犯罪因而發生死亡結果者等」；其中，對於故意犯罪因而發生死亡結果之案件，被告可能面臨判處死刑的情形。因此，國民法官在進行可能作出死刑判決案件之審理時，是否也應對於死刑執行的方式有所了解？本文將藉由日本實際發生案件進行討論。

## 絞刑的討論

在進入本文案例事實介紹前，先說明日本對於死刑的法律評價。首先，日本最高法院大法庭曾作出以下解釋：「生命，無價。一人之生命，相較地球有過之無不及。死刑，所有刑罰當中最為嚴厲的制裁，且為實非不得已之終極處罰。現代國家一般就統治權作用之刑罰權行使，其刑罰種類之死刑存廢、何種罪質科以死刑，或何種程序執行死刑均以法律明定。同時，於刑事審判程序中，對於具體案件就被告科以死刑或其他刑罰進行審理。藉此，死刑判決乃依法定方法程序，於實際個案中或予施行。」

蓋日本憲法第31條「人民個人生命至高尊貴，但依法律規定之適當程序，得科以剝奪之刑罰」亦肯認死刑的存在。不過，日本憲法第36條絕對禁止殘虐刑罰之規範，亦說明死刑執行方式不得以殘虐性之方法為之，例如類似火燒、釘十字架、斬首示眾、滾燙煮死等殘虐手法。因此，日本在過去一百四十年間，執行死刑的方式仍維持絞刑。不過，在其他保有死刑制度的國家中，絞刑、斬首刑等執行方式，大多逐漸改以電椅、毒氣或是注射藥物的方式執行死刑。因此，日本對於死刑執行方式也正如火如荼檢討中。

## 事實背景　因待業且生活不平順因而無差別報復世人

被告在營業中的柏青哥店內，基於無差別殺害客人及店員等之殺人目的，將事先準備的汽油潑灑於店內地板並點火；其縱火導致柏青哥全店燒毀，並造成店內客人及店員傷亡，共計五人死亡、十人輕重傷。第一審裁判員審理時，宣告死刑；第二審駁回當事人上訴；最高法院支持一審死刑判決。

## 爭議所在　日本執行死刑方式——絞首刑是否合憲

本案主要爭點有兩點：第一點是被告在犯案時的責任能力；第二點是絞首刑是否違憲。限於篇幅，本文不針對被告的責任能力另作討論，僅探討絞首刑的合憲性。

## 人民法感的判斷（一審判斷）

本案第一審是適用裁判員審判之案件；因本案被告故意縱火殺人的行為，造成五人死亡及十人輕重傷的結果，面臨死刑判決的可能性大，因此辯護人提出絞刑違憲之主張。辯護人認為，絞刑會造成受刑人非必要的痛苦，也可能造成頭部的分離。根據曾經執行絞刑的現場人員指出，絞刑是很殘忍的。現今各國維持絞刑的國家也僅有少數。因此，辯護人認為雖然在日本昭和時代的判例曾指出絞刑並不殘虐，但在時代及環境的變化下，或許已經今非昔比。甚至應認為絞刑違反日本憲法第36條且屬於殘虐的刑罰方式。另外，絞刑可能造成頭部斷離而成為斷頭刑之狀況，此時已超出法定執行方式的範疇，應違反憲法第31條。

在檢討辯護人提出的主張後，裁判員裁判在一審中所作成之判決，認為絞刑並未違反憲法，主要理由有以下幾點：

1. 根據法醫學者作成的證詞，實施絞刑時，有關受刑者死亡經過及身心感受情形，相關說明如下：

(1) 典型的絞刑執行過程：

①因頸動脈的壓迫，造成通往腦部的血流中斷並缺氧，伴隨腦細胞壞死，心臟停止跳動後死亡。

②咽喉遭壓迫，造成氣管阻塞而缺氧，腦部缺氧、心臟停止跳動後死亡。

在①的情形中，腦部氧氣大約殘留五到八秒間保有意識；②的情形中，人體內殘留的氧氣，大約可以讓人在一至兩分鐘內保有意識。期間會因為頸部受到壓迫而感到痛苦，並且會感受到因為繩子所造成的頸部疼痛。

(2) 另外，根據繩子纏繞的方式及是否平均綁住頭頸部，所造成的痛苦也會有所差異。當絞刑施加的力道過大時，造成頭頸部斷裂的情形是有可能的。但由於頭頸部的皮膚相當具有韌性，大多不至於造成完全斷離的情形，但是頭頸部內部組織斷離的情形是常見的。為了避免頭頸部斷離情形，實施絞刑時會將繩索長度縮短，利用減緩勒緊的方式實施絞刑。至於頸部組織的強度，因人而異，要完全預防頭部的斷裂，是不可能的。

2.根據曾經執行絞刑的人員，講述現場經驗：

在執行前，將原本還能呼吸並具有體溫的受刑者綑綁手足，並將絞刑用之繩索纏繞在頭頸部位；執行後，受刑人會以頭頸部為中心點搖擺。當你親眼看到這個場面時會認為非常殘忍。絞刑的過程亦無法預見，有可能會造成難以想像的情形。

3.大多執行絞刑的情況下，受刑人意識喪失大約要五至八秒；根據纏繞的方式，受刑人也可能要兩分鐘以上才會喪失意識。期間，受刑者將持續感到痛苦。另外，也有可能發生頭部斷裂、特別是頸部內組織斷裂的情形。但絞刑中，從執行開始到受刑者死亡的過程並無法完全能夠預測。

4.不過，死刑原本就是違反受刑者的意思，以剝奪其生命償罪的方式。造成受刑者精神及肉體上的痛苦，某種程度上的殘忍是難以避免的。憲法也是存有死刑的制度，因此無法避免死刑所造成的痛苦。至於死刑的執行方法是否該當日本憲法第36條所禁止之「殘虐之刑罰」，或許可以從執行的方式進行考量，其所指的應該是特別殘忍的情形。例如造成受刑人無意義的苦痛、妨害其名譽或是以羞辱的方式執行死刑，則該當日本憲法第36條。另外，值得一提的是，執行死刑的方式應該是立法者的裁量，裁判員裁判是依照證據進行審理，並作成適當的判決及量刑。

5.絞刑雖然並非新型態的執行方式，在執行過程也可能會發生難以預測的情形，但其他執行死刑的方式也可能發生無法預想的情形。從過往絞刑的執行過程及結果來看，仍認為絞刑並非屬於殘虐之刑罰。

## 想想看

日本有一位曾執行死刑的司法人員說：「十多年前某個夏日，有一輛窗簾緊閉的巴士安靜地載著死囚來到執行死刑的建築物；該建築物入口左側的教誨室內，有一個佛壇，並在這邊受理死囚的報到。在這屬於死囚的最後時刻，似乎也跟平常沒有不同。在走廊的盡頭，有著一間具有防音設備的房間。進到執行死刑的房間時，會先在房間的四個角落貼上兩層紅色膠帶；死囚則是會站在房間中央。雖然還沒有為死囚套上繩圈，但屋內地板的角落仍可看見髒汙。這就是執行死刑前，執行死刑房間內的模樣。執行死刑房間的旁邊有『按鍵室』，『按鍵室』內有三個按鈕，從『按鍵室』無法看見執行死刑房間內的情形；在執行死刑時，會有三名監獄執行人員同時按下三個按鈕，其中一個會開啟死囚下方的地板，此時會聽見咚的一聲。」這就是執行人員看見執行死刑的過程。

目前臺灣執行死刑的方式，是依據《監獄行刑法》及執行死刑規則，依法分別有槍決、藥劑注射或其他符合人道之適當方式為之。執行方式主要採用槍決；槍決前由法醫先對受刑人以施打或其他適當方式使用麻醉劑，等待死囚失去知覺後再執行。執行槍決時，會對受刑人使用頭罩，並讓死囚背向行刑人；槍決射擊的部位大多瞄準心臟部位，由受刑人背後進行槍決。

根據臺灣曾執行死刑的司法人員提及：「死囚從看守所押解至臺北監獄附設刑場，執行槍決前，由檢察官針對死囚進行人別訊問；之後會提供死囚最後一餐。刑場小土丘會先鋪上棉被，接著死囚趴在棉被上，由特約法醫在死囚背後畫出心臟部位，由法警開槍執行，法醫再確認死囚已死，由禮儀公司人員將遺體運走。死刑執行結束後，看守所、高檢署法警等參與執行人員，會在刑場外的地藏王菩薩前燒冥紙拜拜，祈求死者安息。

《國民法官法》第83條第3項雖有規定，死刑的判決必須有包含國民法官及法官雙方意見在內達三分之二以上之同意，才能進行。但國民法官是否對於死刑有所了解？是否知道死刑執行的方式？是否有必要在可能判處死刑案件時，向國民法官說明執行死刑的方式？應是不可避免的問題。

＊關鍵詞：犯罪類型（放火殺人）、動機（無差別）、手段（縱火）、結果重大性（五名被害人死亡、十人輕重傷）、責任能力、死刑執行方式

# 第五章 悔悟的被告能否判死

## 案例5 被告悔悟即可免死嗎？——大阪堺市連續強盜殺人事件

不管是在日本或臺灣，對於犯下強盜殺人的行為人，必須要面對的是無期徒刑或死刑。但從臺灣過往的判決情形，對於原本曾判處死刑的案件，在進入更審或最高法院審理過程時，因被告具有悔意或誠摯向被害人家屬道歉、和解，因而死刑改判無期徒刑的情況不算少見。正因如此，人民或媒體容易以恐龍法官的表達及報導方式揶揄司法不公。本章將以日本實際發生案例，講述一件被告在犯案後悔悟並向家屬表達歉意的情況下，仍面臨判處死刑的真實案件。

## 事實背景　缺錢花用因而執行連續強盜殺人計畫

被告是一位一九六一年出生的男子，二〇一一年十一月某日下午五點半左右，在一間超市的停車場，趁著一位剛在超市採購完的女子（當時六十七歲）準備要上車時，從她背後將她推入車內，並一同進入；接著警告被害人不要騷動，否則要殺她，隨後將她的眼睛及嘴巴以膠帶封住。被害女子的雙手及雙腳都被膠帶纏繞，當下已失去抵抗能力並無法脫困。大約一個半小時後，被告將車輛連同被害人一起駛離停車場。被告強盜了市值約一百萬（日圓，下同）之車輛、車上財物及現金大約三十一萬元、提款卡及價值三萬多元的商品券等財物。晚上七點三十分左右，被告將車輛隨意停在附近的道路，並詢問被害人提款卡密碼；得手後即以保鮮膜纏繞被害人臉部，導致被害人窒息而亡。其後，被告駕駛該車輛將被害人屍體搬運至住家附近的倉庫隱匿。被告在隔天曾持上述搶來的提款卡，前往住家附近銀行設置的提款機，提領現金五萬元。隨後，被告以租賃車輛將屍體搬運至附近山林中；先將被害人屍體及大量木炭一起放入汽油鐵桶內，點火燒毀屍體，繼而將焚燒後殘留的骨頭丟棄在附近的地面。

不久，被告打算再對一位認識的八十歲老翁強盜財物並殺害。在二〇一一年十二月初早上八點左右，被告喬裝成宅配人員進入被害人住家，突然從被害人背後將其推倒，並警告不要騷動，否則要殺他。接著被告以膠帶將被害人眼睛及嘴巴封住，並以事先準備的束帶將被害人兩手及兩腳分別綑綁，使其無法進行抵抗，當下強盜屋內現金八十萬元、信用卡三張及價值一萬多元商品券。在逼問被害人信用卡密碼並得手後，被告便以保鮮膜纏繞被害人臉部，以致被害人於下午三點五十五分左右被送到醫院時，已因遷延性窒息而死亡。犯案後，被告曾三次持搶來的信用卡前往提款機取款，但因其提領金額超過提領限額而失敗。

## 爭議所在　被告悔悟與死刑量刑

本案被告在缺錢花用的情況下，實行強盜殺人的犯罪計畫，並造成兩名被害人死亡。被告雖然在偵查當下，即坦承兩件犯罪行為，並供出完整的犯案過程，同時向家屬表達歉意及悔意，然而審理的最終結果，仍維持死刑。

## 人民法感的判斷（一審判斷）

本案被告沒有固定職業，過著像米蟲一樣的生活；因向同居人謊稱最近已有工作及收入來源，而萌生強盜殺人的計畫。被告先是鎖定大型超市內剛購物完之女子，趁其上車之際將其押上車、控制行動並將車輛駛離現場，繼而在強盜財物後加以殺害，甚至將屍體隱匿及燒毀。接著，被告再度鎖定之前公司認識的高齡員工，喬裝宅配人員侵入被害人屋內後，控制行動、強取財物後將其殺害。

### 犯罪動機

被告曾在二〇〇四年犯下放火、詐欺等案件入獄服刑，並在二〇一一年假釋出獄。出獄後與同居人共同生活，但未曾認真找工作。某日被告因向同居人謊稱已經找到工作並有收入，便為了圓謊而計畫強盜財物，因此犯下強盜殺人、毀損屍體等案件。被告為了強盜財物，以自己利慾為中心，完全不顧他人寶貴的生命，僅以突然的發想便企劃強盜殺人，並且奪走兩條寶貴的生命，其行為極度不可理喻且相當自私自利。

**犯罪前行動**

本案被告在犯下兩件強盜殺人案件前，均事先準備了控制被害人的束帶、膠帶等物品，及殺人用的保鮮膜。在準備下手第一件強盜殺人案件前，被告在案發前幾日，在該停車場內曾多次鎖定駕駛高級車輛的女子，並在女子採買後尾隨其後；最後鎖定本案被害女子，按其計畫犯下強盜殺人案。另外，被告在犯下第一件強盜殺人案件後，為了得到更多現金，再度鎖定以前認識並研判其有資產的高齡男子。本次不僅準備控制被害人的膠帶及束帶等工具，甚至喬裝為宅配員。可見被告的強盜殺人均是有萬全的計畫及準備。在第二件案件中，被告明知被害人是夫婦同住，仍在未事先確定其妻子是否在家的情形下下手，可見被告已經認定就算被害人妻子在家，也會犯案。在被告周全的準備之下，本案已經不能說是臨時起意。

## 手段

在第一個案件中，被害人曾一度逃出車外並向被告求饒，也向被告表示願意給錢希望能饒其一命；在第二個案件中，被告強盜財物的過程曾有人按門鈴拜訪。然而，不論在哪一個案件中，被告均沒有中止其強盜殺人的行為，仍為了達到取得財物之目的，恣意地奪走被害人的生命。被告冷靜地行使計畫，可說強盜殺人的犯意相當強烈，正因如此，被告的行為極度惡質。

另外，從被告下手殺害的方法來看，被告分別鎖定女性及高齡對象下手，突然從背後襲擊被害人，並以事先準備的膠帶將雙眼及嘴巴封住，進而以膠帶或束帶控制被害人手足，強取被害人的提款卡等。甚至在第一個案件中，被告還將被害人帶往沒有人煙的山林強盜財物。不論是在第一個案件或第二個案件，兩名被害人均在無法抵抗的情況下，被問出提款卡密碼；隨即被告在不考慮被害人恐懼及痛苦下，卑劣地使用保鮮膜纏繞被害人臉部，使被害人窒息而亡，可見被告的殺意是非常明確的，殺害的方法也極度殘忍、冷酷無情。甚至第一個案件中，為了防止自己的強盜殺人犯行遭發覺，還將遺體燒成灰並灑在山林中。接著在不到一個月的時間內，被告竟再度犯下第二件強盜殺人案件。被告不僅只是希望取得現金，也全無對前一個死者懷有敬畏之念，被告對其行為及其造成的重大結果也沒有任何後悔及自責，被告所作所為已屬超出非人之惡質行為。

**前科**

被告的前科中，曾有以保險金為目的，進行放火及詐欺；從該案件與本案來看，被告為了取得財物，完全不顧及他人，被告的反社會人格及行動特性是能夠窺見的。另外，被告前次服刑時在獄中所寫的筆記裡，曾有策畫為了取得財物、押人並將其殺害，及處理遺體的犯罪計畫；為了避免監獄人員發現，當時還是用重點的方式進行筆記。雖然被告已經遺失筆記本，但在假釋出獄不久，因為缺錢的關係，便打算實行之前的犯罪計畫。被告在出獄不到半年的時間，接連犯下兩件強盜殺人等案件，可見被告完全不遵守法律，也未能克制自己反覆實施犯罪的情形。因此，從被告的行為來看，被告為了金錢而奪取他人的性命，並未有任何恐懼感、罪惡感。因此不難看出被告具有藐視人命、奪取金錢的犯罪性向。

## 犯罪後之情狀

在偵查剛開始階段，儘管警方尚未掌握事證，被告接受警方調查時，對其所作所為均全部自白，也得以讓事件的真相盡早公開。被告在審理時，對其犯罪事實未有爭執；審理過程中，也多次向被害人家屬致上歉意。另外，被告在案發後的態度上，除了表示是因為自己的性格傾向所造成，也認為自己犯下了絕對無法原諒的犯罪——似乎是為了避免其責任的重大性。

## 減刑判斷

雖然從行為人屬性的「一般情狀」鑑定等關係證據來看，被告以自我為中心的想法及性格，是因為其養成的家庭環境所致；但實際上，被告的家庭環境並沒有特別惡劣，與一般普通家庭無異。加上被告犯案時已經是五十歲了，被告青年時的養成環境與本案不顧他人性命而達成金錢慾望的犯行動機，難以評價具有直接關聯。

被告的前科中，也僅犯下一件有期徒刑前科的案件，而除了交通違規，迄今並沒有反覆犯罪的情形。在被告人生中，也曾有認真地過生活，對於家人也非常友善等。

綜上，從本案各犯罪行為的罪質、犯案過程、動機及態樣，特別是案發前計畫殺害被害人及處理遺體的過程，加上殺害的手段、方法極為殘忍，下手殺害後，被告的行動，如燒毀遺體的方式，是非常不人道的。對於奪走兩位被害人的寶貴生命之結果重大性、被害人家屬的強烈被害感情及處罰情感、對於社會的影響、被告的前科，以及被告在假釋期間犯下此案、被告的反社會人格態度及犯罪性向等，綜合考量結果，本案是屬於極度惡質的犯罪行為，被告的刑事責任相當重大。死刑是奪走被告生命，最為不得已之下所做出最嚴峻的刑罰，法院在綜合、慎重的考量之下，也一併確認罪刑的衡平性及一般預防

所謂「一般情狀」鑑定，是指法院對於犯罪事實以外的事項，例如引發被告殺人動機的緣由、成長經歷、人格特性之影響（例如愛好虛榮、自我陶醉、無法吃苦、説謊癖好等），囑託鑑定人進行鑑定，作為量刑判斷之參考。

一般情狀是法學的專有名詞，是在法官要進行量刑時要考慮的事項。法官在量刑時會先考量完被告的犯罪行為、計畫及手段等與犯罪直接相關因素，接著再考量的其他因素；一般情狀，通常會包括：被告年齡性格、成長環境、反省態度、被害賠償、是否與被害人或家屬和解、被害人或家屬的被害感受等。

等情形，反覆慎重檢討刑的種類後，仍對於本案的被告作出應判處死刑的判決。

## 職業法官仍維持一審判斷（二審判斷）

辯方首先提出本案違反「嚴格正當法律程序」（super due process）的規定，並指出被告於一開始遭警方逮捕及接受偵訊時，並無辯護人在場；其後，雖有指派一名公設辯護人，但法官在強盜殺人案件審理過程中，卻未預想案件可能會求處死刑，且未依職權方式追加選任辯護人。另外，在審前整理程序階段，辯護人曾經要求，檢察官應說明案件是否會求處死刑，證據也未全面開示，但第一審法院卻置之不理。辯護人甚至指出，死刑應由裁判員全員作出一致的評議。

然而，法院認為一審判決符合現行法令規定。因此，辯護人提出誤用法令的部分，沒有理由。另外，也針對辯護人所提出量刑不當的部分作出判斷。

## 本案的各犯行動機及成長環境、人格特性

(1)成長環境的影響

被告是由生父的姊姊所領養，但養母並沒有給予關愛，因此成長過程中相當不安，認定被告有強烈渴望女性愛情的需求。因此，本案被告害怕工作的謊言被戳破，因此形成本案犯案動機。然而，鑑定人指出，被告幼年時期缺乏母愛的不安，與同居人間的互動並沒有直接的因果關係，僅能作出「或許可能有影響」的判斷。

不過，承審法官認為，被告在犯案當時已經五十歲，並且已經有工作及成立家庭的社會經驗，因此認為被告的成長環境，並未影響被告形成本案動機。

(2)人格特性的影響

被告本身認為自己是一位堅強的男性，卻在假釋後需要依賴其同居人，但是該同居人與其他男子也有牽扯，因此造成被告精神混亂及不安；為了圓謊，因而犯下本次犯行。

然而，法官認為，在兩件犯案過程中，被告均是深思熟慮後才下手，並非出於一時的衝動，因此，被告的人格特性並無法作為量刑的參考。

本案在考量犯行動機與被告之成長環境及人格特性之下，後兩者尚無法成為重要參考依據，加上與本案無直接關聯性，因此均不影響本案中被告應負的刑事責任。

## 本案的犯行狀況、計畫性、殺意堅決

### 第一事件

(1)被告在十月中旬即開始找尋下手對象，曾經有三至五次的下手機會，卻因緊張、身體僵硬而未下手；直到十一月時才犯下第一件事件。雖辯護人稱，被告是因為猶豫與遲疑而未下手，但法官認為，從被告的事前準備來看，被告是作好了充分的準備才犯案。另外，從問出提款卡密碼到殺害被害人的過程，僅僅五至十分鐘，難以看出被告有遲疑、猶豫的情形。

(2)辯護人亦提出，犯案的地點是一個可以停放七百六十七臺車輛的平面停車場，相較於立體停車場來說，犯行更容易被目擊，而且犯案時間點在週六下午五點三十三分左右，此時犯案，尚不能說有計畫性。然而，承審法官認為，被告從當天中午後，多次尾隨女性，等待合適犯案時機；到了停車場周邊燈光昏暗的時間，趁著小雨對本案被害人下手。被告在這個時間點進行強盜，其犯行非常大膽，但無法否定犯案的計畫性。

(3)辯護人主張被告是突然將本案被害人押入車內，且在停車場停留一小時以上時間，當時並沒有棄屍打算，也僅是害怕強行離開停車場會被其他人看到等語，欠缺計畫性。法官認為，本案雖非周到的計畫，但被告已經想像了犯案過程，並準備必要的道具，並且物色下手的目標；對於預先設定的目標下手，仍應屬於具有計畫性。

(4)辯方主張，被告以保鮮膜方式纏繞被害人，是否會造成被害人死亡仍屬未知，被告亦未有實驗或練習；然而，法庭上，被告已經陳述利用保鮮膜可以比塑膠袋更加緊實，造成被害人死亡的時間更短等。實際上，被告使用保鮮膜纏繞被害人的耳朵、口鼻大約五至六圈，造成沒有任何空氣可以進入的狀態，應對於被害人窒息而亡的可能性有充分的認識。

**第二事件**

(1)辯方主張，被告在十一月二十九日僅是路過被害人住家前方，隔日則是打電話給被害人，確認夜間被害人在家，但並未實施犯罪。因此，被告對於是否要實施犯罪猶豫不決，並未有非常強烈的殺人故意。

然而，被告是因為在十一月底時，有一百八十萬元資金的調度需求，因此打算在二十日後，喬裝宅配人員進入屋內進行強盜。在二十五日左右，鎖定被害人後，便購入宅配的紙箱及宅配單，並於十二月一日實施強盜殺人犯行。亦即，被告已經充分準備強盜殺人計畫，及相關道具；甚至，在進行犯罪前一天，還在SNS發布「明天動手」、「絕對」等鼓勵自己的留言，可以看出被告實行犯罪的決心。

(2)辯方主張，根據當天實施救護的人員證詞，保鮮膜並未緊實地包覆被害人臉部，僅是單純包覆的程度，造成絕對窒息死亡的程度並不高，並未有強烈的殺人犯意。

然而，法院認為被害人當時的手、腳、眼、口都被膠帶封住，僅有鼻子未用膠帶封住；被告當時是決心要殺害被害人，而用保鮮膜在被害人的臉部纏繞四、五圈，並讓被害人躺下直到無法動彈。被告以保鮮膜包覆被害人臉部的行為，造成被害人死亡的可能性是非常高的。

(3)辯方主張，被告雖有喬裝宅配人員的計畫，犯罪前一日又謊稱宅配人員打電話聯絡被害人，犯案當天僅是戴棒球帽、口罩、手套、黑灰色的作業服，尚不能說穿著宅配業者服裝；進入到被害人家中，也僅是偶然發生的事情。甚至，在早上八點左右，當時是上學時間，假如要處理屍體的話，也不合理。況且，被告並未事先調查被害人家人同住情形，因此當天進入被害人家中，僅有被害人一人在家的情形是偶然的，不能稱被告的犯行具有計畫性。

然而法院認為，被告未穿有宅配公司服裝的情形並非不合理，因為前一天被告曾謊稱是宅配公司聯絡被害人，並告知要前往被害人住家；當天被告拿著紙箱及宅配單前往被害人家中，按門鈴表示為宅配業者進入屋內。這樣的過程已容易讓人誤信為宅配業者，因而開門讓其進入的情形是合理的；因此被告侵入被害人家中的情形，並非是偶然的。甚至被告原本是打算等到晚上才要處理屍體，無法處理屍體的原因與被告在早上犯案的行為並不衝突。另外，被告從小就認識被害人，知道與被害人同住的是其妻子；即便是本次被告沒有事先調查，也不能說不具備計畫性。況且，被告本來就有事先假想，如果被害人妻子當時也在家的情形下，會中止犯罪。因此，被告當天前往被害人家中，只有被害人一人在家偶然的情形，並不能否定被告本案的計畫性。

**結果重大性**

本案造成兩名被害人寶貴的生命喪失，甚至在第一事件中，被害人的屍骨無存，造成被害人家屬的悲痛及被害人家屬的嚴峻的處罰感情，理所當然。

### 前科——與前科案件的關聯性

辯護人認為，被告的前科雖有放火及詐欺，但與本案的罪質完全相異，犯行態樣、動機及犯行狀況亦全然不同，主張本案應與前科毫無關聯性。

另外，被告的前科為有期徒刑八年，並非無期徒刑之罪，也無直接殺人的前科。本案是強盜殺人的量刑，在犯罪類型上，難認有關聯性。

### 斟酌被告減輕量刑之情事

被告在遭逮捕後，即早將犯案過程全盤托出，並向被害家屬道歉。被告亦有向兩位被害人祈福、念經文，有反省之意。

### 結論

本案被告，在一個月間，為圓謊及取得財物之目的，犯下殺害兩名無辜被害人的重大犯罪，顯見被告極為任性及輕視人命的態度。本案是在有計畫之下，基於強烈的殺人犯意，犯下本件強盜殺人等案件；第一案件中，毀損被害人的屍體是不人道的，在未檢討自己行為及重大性之下，接連犯下第二件的案件，其責任相當重大。

## 最高法院維持死刑判斷（三審判斷）

本案被告沒有工作，卻因為對其同居人謊稱渠已經在工作並且薪水已經要發放的情形下，因害怕謊言遭同居人戳破，因而犯下本次兩件強盜殺人案。在兩件強盜殺人案件中，被告事先準備了要殺害被害人的保鮮膜，基於強烈的殺人犯意及周全計畫強盜財物，犯案的過程相當冷酷。兩名無辜的被害人，原本只是普通的市井小民、安穩地過生活，寶貴的生命卻突然遭到剝奪，以致被害人家屬的處罰感情相當強烈。被告的犯案動機相當地自以為是，因此沒有任何減刑的餘地。按照以上情事，被告的刑事責任相當重大，即使被告已有反省的態度，並且考量被告衡酌量情事由，第二審維持第一審死刑的判決仍屬相當。

## 想想看

本案被告犯案後相當悔悟，並在偵查開始之際即坦承犯案過程；然而，本案在國民參審、第二審及最高法院，各審級仍維持死刑判決。其重要考量仍以犯罪情狀為主，當犯罪情狀已符合判處極刑的條件時，縱使被告有悔悟，在綜合考量各項情狀後，仍作出死刑判決。本案在死刑的審理過程及量刑因子的比重，或許可作為我國實務上審理死刑案件之參考。

**＊關鍵詞：犯罪類型（強盜殺人）、動機（利慾薰心）、手段（利用保鮮膜使被害人窒息死）、結果重大性（兩名被害人）、被害感情（處罰感情強烈）、前科（假釋期間犯案）、犯後態度（自首、謝罪）、殺人計畫性**

第二部分

# 死刑量刑的判斷因素

# 第六章　死刑量刑基準

## 案例6　死刑基準的分水嶺——永山則夫案

### 事實背景　百般曲折的連續殺人事件

一九六八年十月初的夜晚，十九歲的永山則夫由於接連自殺不成，便潛入了位在神奈川縣的橫須賀美軍基地，想要被守軍發現後慷慨赴死，但並未被任何守軍發現，於是從基地宿舍竊取了點二二口徑左輪槍、子彈、摺刀及財物後便悄然離去。

同年十月十一日，永山則夫於東京港區的王子酒店附近徘徊而遭到酒店警衛A盤查，他擔心自己竊取槍枝的事情會被揭發，想著「開槍之後就快逃，即使警衛A死了也沒關係」，便持槍對警衛A射擊。子彈擊中了警衛A的左臉，其中一發子彈貫穿了他的左側頸部，最後送醫不治。這起案件在東京引起了騷動，警察機關更成立了專案小組來調查這起殺人事件。

不久後，同年十月十四日的凌晨，永山則夫害怕自己會遭到逮捕而逃亡到京都，漫步到八坂神社並想在本殿席地而睡時，遭到神社警衛B盤問，永山則夫害怕自己會被逮捕，於是取出左輪槍及摺刀恫嚇警衛B不要靠近，但警衛B並未退去，反而逐漸逼近。他心想「殺了警衛B後就趕快逃走」，對警衛B連擊四槍後便倉皇奔逃。四發子彈擊中警衛B的臉部，雖後續抵達的警察將警衛B緊急送醫，但仍重傷不治。

於東京、京都連殺兩人的永山則夫，原本驚魂未定地打算回到位於北海道的故鄉網走市自殺，但路經札幌後又決定改道東京。路途中，永山則夫有與哥哥會面並告知自身犯行，他的哥哥雖然叫永山則夫去自首，但他並沒有理會。

同年十月二十六日深夜，永山則夫路經北海道函館，但由於身上金錢不足，便決定殺死計程車司機以搶奪財物，於是隨機坐上計程車，對計程車司機C的臉部連開兩槍，奪取了七千元（日圓，下同）及裝有兩百元的口金錢包後便下車逃走。兩發子彈分別貫穿了司機C的鼻根及右眼瞼，後重傷不治。

同年十一月五日凌晨，永山則夫原本預計從函館前往東京近郊的橫濱，但迫於逃亡而前往名古屋，為了到港口尋找碼頭工人的工作，而坐上了由司機D所駕駛的計程車。司機D疑惑為何他大半夜要到港口，便一邊與永山則夫閒聊並問他去港口的原因。永山則夫擔心自己殺人的事會被揭發，且身上的零錢已所剩無幾，便叫司機開往隱密的地方，準備殺人取財。

司機D不疑有他，便開往永山則夫指定的地點，然而車子一抵達目的地並停下的瞬間，永山則夫便持槍對著司機D頭部連開四槍，接著搶走了裝有七千元的布袋後倉促離去。四發子彈擊中司機D的左、右、後側頭部和左前額部，子彈更卡在司機D的腦中，後送醫不治。而永山則夫在殺死司機D後逃到了橫濱擔任碼頭工人，但由於害怕自己會被追查，便將左輪槍埋進土裡。

一九六九年三月，永山則夫將左輪槍挖出，並帶回了自己的住處。

同年四月七日凌晨，永山則夫由於金錢不足便決定持槍闖空門，於是穿著皮手套並攜帶螺絲起子，潛入到東京原宿一帶的一橋商業學校竊取財物，潛入時觸發警鈴並被警衛E發現，他擔心自己被捕便決定殺死警衛E，於是躲在玄關後對警衛E連開兩槍，但都沒有命中。

永山則夫甩開警衛E的追捕，逃到附近的明治神宮。警衛E隨即通報警察，在數個小時後大批警力趕到，在明治神宮發現躲在樹叢的永山則夫並將他逮捕歸案，接著展開了長達十年且曲折的審判。

## 一審法院怎麼說

這個案件的第一審於一九八〇年被移送到東京地方法院，由於當時裁判員制度尚未實施，因此均由職業法官進行審理。

在檢察官及警察調查永山則夫後，發現他出身於家庭功能極度不全的成長環境，父親沉溺賭博並極少返家，母親則遠逃娘家。被父母棄養後，哥哥曾因為婚前使女友懷孕而被對方家長毒打，姊姊曾被退婚，墮胎後罹患嚴重精神疾病，而妹妹也很年幼。四個人曾以拾荒維生。永山則夫在極端貧窮，且被兄姊虐待同時虐待妹妹的關係中成長。他雖有短暫與回到娘家的母親生活並就學，但母親因工作忙碌而鮮少照顧他，他也時常中輟學業。雖然曾到處兼職打工，但由於教育程度不足，處處碰壁但又無力改變，因此永山則夫除自殘外，更屢屢自殺但未成。

在永山則夫被送上法庭審判前，由於要確認他是否能理解殺人行為，及犯案時精神狀態如何才能衡量刑度，於是便委任當時備受推崇的犯罪學心理醫師石川義博醫師對永山則夫進行心理鑑定，而永山則夫一開始從十分抗拒、不知所措，轉而嚎啕大哭，並理解自己所犯下的犯行且感到懊悔。

石川醫師引用當時在日本尚未廣為人知的創傷後壓力症候群（ＰＴＳＤ）作為理論基礎，做成精神鑑定報告書，報告書認為：永山則夫自出生以來因惡劣的環境、遺傳因子、壓力等諸多因素複雜交織、影響，發現犯罪前便有高度精神偏差、精神官能症等徵兆，而犯罪時更處於近乎精神病的狀態，且對於克制憂慮、暴衝等的能力較正常人低下許多。

東京地方法院認為石川醫師的鑑定不夠客觀合理，而認同檢察官對於永山則夫精神狀態的主張——人格雖有偏差，但沒有精神疾病，認為永山則夫有完全的責任能力，能清楚辨識、控制殺人的行為，因此不可減輕或免除刑罰，並判處永山則夫死刑。

## 二審法院怎麼說

由於永山則夫及其律師無法接受地方法院死刑的判決，於一九八二年上訴到東京高等法院。

東京高等法院認為，永山則夫所為是出於過往悲慘經歷、心理創傷而導致的一時性衝動犯罪。永山則夫犯罪時雖為十九歲之少年，然而他一直處於極為惡劣的生長環境，導致過往成長經歷缺乏親情之愛，心性被嚴重扭曲，因此其精神成熟度應視為未滿十八歲之少年，依照日本《少年法》第51條之規定，不得判處死刑。此外，從社會架構、政策落實的角度來看，也應歸咎於社會福祉政策未能確實救助社會底層的貧苦人民，從而衍生出犯罪，不能將過錯完全推卸給永山則夫承擔。

高等法院對於永山則夫的犯罪動機、犯罪前行動、犯罪態樣，均維持一審之判定。但對於犯罪後的行動，高等法院認為：永山則夫於第一審判決後與A女結婚，心境展露出變化，出庭時收斂於第一審之粗暴言行，不迂迴且誠實地回應來自法官、檢察官、律師的提問。而且永山則夫於獄中勤奮學習並創作不輟，如：《無知的淚》、《木橋》、《忘卻人民的金絲雀們》等，其中《木橋》更於一九八二年榮獲第十九回新日本文學賞。永山則夫從其版稅中寄送數十萬元給被害人家屬，而永山則夫的妻子A女更受他的囑託探訪被害人家屬，以表弔唁之意。

高等法院對於死刑之運用，更提出見解：「死刑，雖沒有違反憲法中『禁止殘虐的刑罰』之規定，但仍為窮極嚴峻的極刑，從而需要謹慎使用。因此在考量是否要運用死刑時，應與其他同種類的事件進行比較，以保障公平性……所以，應僅限於該案件在任一法院都會選擇判處死刑的情況下，才能開始考慮是否能判處死刑……且近來死刑判決的數量逐漸遞減，實際地證明本院的見解。」

如同我國刑法，犯罪依據年齡須承擔不同的刑事責任。未滿十四歲的人，稱為「無責任能力人」，其行為不罰；十四歲以上未滿十八歲以及滿八十歲的人，稱為「限制責任能力人」，得減輕其刑；而十八歲以上未滿八十歲的人，稱為「完全責任人」，需承擔完全的刑罰。然而，本案永山則夫在犯罪時為十九歲，東京高等法院亦認為永山則夫的精神狀況與十八歲以下的青少年類似，故認為不應對永山則夫施以極刑。

東京高等法院審酌上述有利於永山則夫的原因，認為永山則夫過往出於貧困及無知犯下重罪，但在獄中藉由教育及婚姻之愛而擺脫了無知，並明顯地以行動表示懺悔，因此撤銷了地方法院的死刑判決，改判無期徒刑。

## 三審法院怎麼說

由於檢察官無法接受高等法院無期徒刑的判決，於一九八三年上訴到最高法院。最高法院認為二審判決過於重視永山則夫悲慘過往的負面影響等有利於永山則夫的情事。同時，也認為二審的判決輕忽了永山則夫惡劣的犯罪動機、有計畫地犯罪、犯罪手段殘虐等在考量刑罰輕重的重要因素。因此，最高法院更明確歸納了歷來審判有關衡量刑罰的重點因子，並有體系性、條理地說明判決死刑的基準，成為日本法院對於死刑運用的重要綱領，至今仍有不可動搖的地位：

**犯罪的類型（《刑法》條文的規定，標示犯罪的可罰程度）**

「本件犯行，不到一個月的期間內，於東京、京都、函館、名古屋各地，使用手槍射殺……接二連三剝奪他人無可取代的生命，將被害人家屬推向悲痛深淵。」

**犯罪的動機（被告出於什麼目的犯罪、犯罪的企圖與想法）**

「多次犯案之動機，或恐先前犯行被發覺或企圖搶奪財物，均極度輕率從事犯行，尤其京都犯案後對其兄勸說自首充耳不聞，遠渡函館再次犯下重大罪行，均無或可同情之情事。」表示永山則夫其中數次的犯罪，是以「錢財」為目的而殺人，其動機惡劣。

**犯罪的手段，特別是殺害手段的決絕與殘虐**

「就殺害的手段而言，犯案凶器乃使用竊自美軍基地的手槍，另近距離地朝被害人的頭部、臉部

犯罪動機的惡劣程度，是影響判決的重要因素之一。然而，要怎麼判別是否為「惡劣的動機」呢？例如：為了保險金殺人、強制性交殺人，除殘害手段又奪人錢財、性自主權，罪責及其可罰程度重。另若黑道火拚械鬥造成幫派成員死亡，由於械鬥是出於幫派分子自己意願，且械鬥導致死亡風險自願承擔，一般認為罪責、可罰程度較輕。

等射擊數回，甚為殘虐難以言喻。尤其，對於名古屋案件中的被害人，完全不理會其『不要、不要』驚恐求饒，殺害手段凶狠、冷酷至極。」強調永山則夫在殺人時，完全不顧被害人的哀求，依然冷血地殺死被害人，手段殘酷，從而較難以從輕量刑。

**結果的嚴重性，特別是被殺害者之人數**

「使用手槍射殺無辜的被害人多達四位，接二連三剝奪他人無可取代的生命。」指出永山則夫連續殘害多條人命，對於被害家屬與社會帶來難以回復的嚴重後果。

**被害人家屬的被害情感（包含被害人因犯罪而受到的精神傷害，或被害人對被告求處刑罰之感受）**

「死者家屬的被害感情，特別嚴重深刻。名古屋案中被害人雙親完全不接受被告的賠償，表示此乃對於其兒子最起碼的

> 殺害手段的決絕與殘虐，可以理解殺人犯意的「堅決」與「殘酷」。如：將被害人一刀一刀刺死、用鋸子把掙扎中的被害人的頭顱鋸下來，由於其手段不僅導致被害人死亡，更讓被害人死前承擔漫長且巨大的恐懼及痛苦。

供養，也顯見其深沉悲痛之情。另東京案中被害人母親也嚴拒被告的賠償，甚至陳述無論基於任何理由，均無原諒被告之意，在在顯示死者家屬心情沉痛無以復加。」說明被害家屬之態度，不僅心如刀絞，且往往選擇堅持不原諒永山則夫，顯示他所犯下的罪行是難以被原諒且可惡的。

**對社會的影響（可以作為犯罪手段、結果嚴重性的判斷參考）**

「其後約半年另於東京狙擊警備員，全國各地均視以『連續槍殺魔』案件，造成社會極度恐慌，相關犯罪類型、結果、社會衝擊甚為重大。」表明永山則夫的犯罪轟動社會，還連連登上報紙頭條，使得民眾人心惶惶、心神不寧，對於社會的影響非常深遠。

**犯人年齡**

「被告確實從小由母親一人撫養，並與多個兄弟同成長於

被害人家屬的被害情感，如同我國《刑事訴訟法》271 條的規定，法院通常需要給被害人或其家屬出庭說明自身感受、是否接受被告道歉、達成和解等等意見表達的機會。

赤貧如洗、困頓環境中，總渴望著親情但未能獲得滿足實值同情，如此惡劣環境對於被告精神健全發展或有阻礙不難推知。原審判決認為本件犯行乃精神未臻成熟，或可視同實質未滿十八歲的少年所犯之一時性罪行，仍應受《少年法》第51條規範意旨之保護，或重視前環境因素的負面影響。然而，考量同被告一般負面環境影響的其他兄弟等人，並未如同被告走上歧路而仍長大成材，特別重視環境負面影響實有疑問。雖被告犯案時或為少年，但已十九歲三個月乃至九個月之人，對照前述犯行的動機、樣態不難窺知其犯罪性之盤根錯節，將被告視同未滿十八歲少年若未有特別情勢實有困難。因此，本件犯行乃一時性者、視被告精神成熟度未滿十八歲之少年等，未有明確的證據證明下，原審認應受《少年法》第51條規範意旨保護實難肯認，並國家社會福利政策直接連結本案難謂妥當。」簡單來說，高等法院認為永山則夫雖然為十九歲，超過《少年法》的保護範圍，但因過往悲慘且窮困的經歷，考量其心智年齡仍屬《少年法》保護的範圍從而讓他免於死刑。但是，最高法院認為永山則夫的親兄弟過往與他一樣悲慘，卻沒有偏差行為，因此不認同調降的觀點，仍認為永山則夫為成年人，須為自己的過錯背負起責任。

**前科（被告對法益之輕視、對法規之公然挑釁，及其犯罪傾向，更顯示了被告的品行）**

本案告並無前科。但最高法院仍特別將這個要點提出作為事例，讓未來的法院於考量時，必須將「前科」納入考量之中。

**犯罪後之態度**

「被告就本件犯行之原因，總認其應歸責者並非其個人本身，應是其親兄弟、社會、國家等周遭人員，將自己的責任轉嫁給外部因素，於審判法庭、監獄的生活筆記中均維持同樣態度。然被告類此態度應特別關注，故對被告獄中結婚或對被害人賠償等予以過大評價或顯不當。」顯示最高法院認為永山則夫總是將自己會犯罪的原因歸咎於社會及家庭，反而很少反省自己，因此就算有賠償及道歉，仍不應過於重視。

最高法院在綜合考量前述所有要點後，撤銷東京高等法院無期徒刑的判決，發回東京高等法院更審。這個判決被稱為「永山判決」，奠定日本法院運用死刑時所需參照的基準。至今該國無論是職業法官或是人民參審裁判員制度，當論及是否要運用死刑時，都會以此作為衡量準則，也稱為「永山基準」。
最後，永山則夫於一九九〇年雖再度上訴到最高法院，但依然維持死刑判決。永山則夫放棄上訴後死刑定讞，並於一九九七年執行死刑。

## 想想看

看完了前面的判決，如果你是審理這個案件的國民法官，請憑著你的想法判斷，你會作出與日本法院不同的判決嗎？或是覺得永山則夫仍然罪無可赦，須處以死刑呢？理由是什麼呢？

然後，請試用「永山基準」（即考慮死刑時，必須將上述九點納入考量，同時也可以延伸出認為合理的理由）判斷，你會判處永山則夫死刑或無期徒刑呢？理由是什麼呢？接著，請回顧一下剛剛自己的想法及依照永山基準時腦中所想，是否有感受到不同的思考方式呢？

＊關鍵詞：犯罪類型（殺人、放火、強盜殺人、強制性交殺人、為了取得保險金殺人）、動機（挾怨報復、金錢糾紛、感情糾紛、個人利慾）、手段（徒手、持刀砍殺、勒死、縱火、決絕與殘虐）、結果重大性（被害人數）、被害感情、社會衝擊、犯人年齡、前科、犯後態度、殺人計畫性、放火、責任能力（受審能力）

# 第七章　死刑判決的年齡條件

## 案例7　沒長大的少年，能否判死？——光市母女殺害事件

光市母女殺害事件，是日本刑事司法改革上極具關鍵的指標案件。本案件原本一審、二審均判處無期徒刑，但日本最高法院以「量刑極為不當」、「顯然違背公理正義」撤銷駁回，又再次經高等法院改判死刑，並經最高法院判決維持死刑定讞。亦即，日本司法審判上由地方法院、高等法院均處無期徒刑，卻因最高法院撤銷、發回改判死刑確定，迄今這樣的案例僅有二件，實屬罕見。

此外，光市母女殺害事件審理過程，不僅引發社會大眾對於刑事審判死刑量刑的廣泛關注，同時促使司法機關提升司法程序中對於被害人的保護措施，更影響立法機關增修刑事程序的法律，使被害人得以實質地參與訴訟。並且，日本政府因此訂定了「被害人保護基本法」，更推出「三護」——身心照護、經濟養護、社會防護為核心的政策與規範，更加周全地保障人民權益。

## 事實背景　殺害兩人並姦屍的惡行

一九九九年四月，日本山口縣光市某日午後，剛滿十八歲又一個月的少年福田孝行喬裝成水管檢查工人，按門鈴進入二十三歲的家庭主婦本村彌生的家中。福田孝行進入屋內後，便企圖性侵本村彌生而從後抱住她並施暴行，然而遭到激烈地反抗，於是便萌生殺人再接著性侵的犯意。福田孝行以兩手強壓本村彌生的頸部使她窒息死亡，並遂行姦淫犯行。然而，本村彌生的女兒，出生滿十一個月的本村夕夏在旁哭鬧不休，福田孝行害怕嬰兒的哭聲會被附近的鄰居發現，將會使得剛才殺人、性侵的犯罪行為曝露，便另生殺意，將本村夕夏重摔地板數次，並以隨身攜帶的尼龍繩纏繞在她的脖子上將她勒斃。最後，福田孝行更拿取本村彌生家中裝有財物的錢包後逃離現場。

## 爭議所在　精神成熟度相對較低的被告，能否判處死刑？

負責本案的山口地方檢察署、廣島高等檢察署認為，即使福田孝行是剛滿十八歲又一個月的少年，但他的犯罪行為極為惡質，因此無論在山口地方法院或是後續在廣島高等法院的審判中，均對福田孝行求處死刑。不過，山口地方法院及廣島高等法院均認為福田孝行雖有計畫性侵但並未計

日本《少年法》第 51 條規定，對於犯罪時未滿 18 歲的人，法官縱使認為必須選科死刑時，僅得科處無期徒刑。意即，犯罪時年滿 18 歲的人，才可能被科處死刑。
2021 年，日本配合該國《民法》下修成年年齡到 18 歲，也調整《少年法》有關未成年人的保護與適用。亦即，現行法對於 18、19 歲年齡者定義為「未成熟」成年人，其違反刑事法的非行行為之保護、刑事處分，採取更趨嚴格或嚴厲的應對措施。例如，有關放火、強盜、強制性交等重大犯罪，原則上不再採取教養的觀點或輔導保護，而同成年人一樣由檢察官起訴，普通法院刑事庭審理、判決及制裁。另其相關犯罪報導也採實名制，將相關不法情事公諸於世。

畫殺人，另外他雖滿十八歲，依法得判處死刑，但法院認為其與同年齡的少年相比精神成熟度偏低，因此均判以無期徒刑。

然而，檢察署並不滿意這樣的判決，於是再上訴到最高法院。因此，最高法院便就「被告精神成熟度、性格可塑性之實質條件，是否能作為排斥死刑的原因」為核心進行審酌。

## 第一審、第二審法院怎麼說？

本案第一審與第二審於一九九九年、二〇〇〇年分別被移送到山口地方法院及廣島高等法院。由於當時裁判員制度尚未實施，因此均由職業法官進行審理。

山口地方法院審理後，認為福田孝行雖然犯下極為惡質的罪狀，但認為他年紀尚輕，仍有矯正改善的可能，因此作出無期徒刑的判決。而山口地方檢察署無法認同該判決，從而再請廣島高等檢察署上訴至廣島高等法院。

以下，是廣島高等法院審查山口地方法院的判決之後，於二〇〇二年作出的第二審判決：

### 犯罪動機

福田孝行於中學三年級起，便對性行為相關的話題極感興趣，除會看電視、雜誌自慰之外，更曾與友人談論性愛的話題，從而逐漸累積性衝動。而他希望能盡快體驗性行為，便想以性侵他人來獲得滿足。

### 犯罪前行動

福田孝行於一九九九年自高中畢業後便至山口當地的水管配置公司就職。犯罪當日早晨，為欺騙父母便穿上工作服假裝出門上班，實際上是到朋友家玩樂。而後返家吃過早餐再度出門，便想著：「即使強暴也無妨，我想跟漂亮的人妻發生關係。」於是再度穿上工作服偽裝成水管檢查工人，到被害人本村彌生所住的公寓逐戶物色對象，在發現被害人本村彌生後，便至其家中實施犯罪。

### 犯罪手法、犯罪後的行動

福田孝行的犯罪手法極為冷酷且殘忍。福田孝行利用本村彌生信任他是水管檢查工人而進到屋內，接著從背後強行抱住她，在遭到本村彌生的強烈抵抗後，便把她按壓在地並跨坐在她身上，以雙手掐住她的脖子想使她安靜下來。然而本村彌生更加劇烈地抵抗並扭動身體，其女兒本村夕夏更趴在本村彌生的臉旁哇哇大哭，福田孝行不僅毫不顧忌，更以全身的重量持續強壓在本村彌生身上，使她窒息身亡。此外，福田孝行在本村彌生不再動彈後，又以布膠帶貼住她的嘴巴並綁住手腳，繼而遂行性侵。

更甚者，福田孝行將在旁哭鬧不休的本村夕夏重摔地板數次，又試圖以雙手勒斃她，然未能遂行。於是以隨身攜帶的尼龍繩纏繞在她的脖子上，將她勒斃。

隨後，福田孝行為避免犯罪被發覺而將本村彌生的屍體塞入壁櫥裡，並將本村夕夏的屍體丟到收納櫃中。此外，犯下殺人行為後更竊取了本村彌生家中裝有財物的錢包，用以購買遊戲卡帶。其犯罪後的行動毫無悔悟之情。

**犯罪結果**

本案無辜的被害人本村彌生與被告毫無瓜葛或牽扯關聯，卻年僅二十三歲便不幸死亡；另外一名被害人本村夕夏更僅為十一個月大的嬰兒。原本兩人與丈夫兼父親的本村洋共享平穩的生活，卻因福田孝行的犯行意外地在家中遇害身亡，被害人當下所遭受的恐懼和痛苦，以及母女在瞬間遭到殺害導致幸福的生活慘遭破壞之悔恨不難想像。而被害家屬所遭受到的衝擊、悲傷與絕望感，誠屬沉重。另一方面，福田孝行絲毫未提及後續的賠償，法院充分理解被害家屬請求對其求處極刑之心情。

此外，由於本案是普通家庭的無辜母女慘遭殺害，對於社會帶來極大的衝擊。

## 減刑判斷

就計畫性來看，由於福田孝行不僅有侵犯人妻之念頭，更偽裝成水管檢查工人物色欲性侵的對象，繼而遂行犯罪。故其性侵行為，是具有計畫性之犯罪。然就殺人行為來看，其性侵本村彌生的計畫中並沒有殺人之構想；另在本村夕夏號哭之際，曾試圖安撫或將她放在浴缸或櫥櫃等其他場所，顯知福田孝行殺害本村夕夏之行為應屬偶發性的行為。

故法院認為，福田孝行的性侵行為雖有計畫性，但殺人之行為難認有計畫性。

而就福田孝行之悔悟與否來看，檢察官指出被告僅在逐次的審理過程表示敷衍的歉意，亦無向被害家屬書寫致歉信。此外，更在第一審結束獲知無期徒刑判決後，向友人寫了對被害人極為不敬、毫無悔意的書信不過法院認為福田孝行後續除在出庭之外，與友人的書信中亦有表達悔悟的內容。故認為，雖福田孝行顯出悔悟的心情不多，但不能說其反省是完全出於敷衍。故應認有悔改之心。

再就福田孝行的其他量刑因素來看，其精神成熟度顯著不足，且其親生母親在其中學時代自殺致原生家庭破碎，父親隨後與外國女子再婚，不否認對於其行動及思考確有影響。此外，福田孝行其並無前科。

另外，鑑定結果均指出其年紀尚輕，或受不良文化的影響而犯下罪行，但仍有矯正改過的可能。

## 判決結果

廣島高等法院綜合上述原因，認為福田孝行雖已滿十八歲，有判處死刑的可能，但考量到他的精神成熟度顯著不足、殺人行為沒有計畫性等，因此認為應維持山口地方法院的無期徒刑判決。

## 最高法院怎麼說？

廣島高等檢察署與被害家屬並不認同廣島高等法院的無期徒刑判決，因此上訴到最高法院。

同時，辯護方尋求當時著名的刑事辯護律師安田好弘共同辯護。安田律師多次至看守所接見福田孝行，發現當時已二十六歲的他，言行舉止成熟度遠低於同儕。不僅如此，辯方委請許多學者、醫學專家對福田孝行及他的親人、過往在學的教師與同學等進行訪談與調查，同時參考偵查筆錄，做出犯罪心理鑑定書、精神鑑定報告書並提交給法院。辯方的資料內容大致如下：

1.福田孝行因小時候母親自殺極度缺乏母愛，亦曾受到父親虐待而留有後遺症，其身體性成熟度及統制的精神成熟度明顯遲緩，以致人格的統合性、連續性有所欠缺，無能確認、完成社會自我定位。

2.福田孝行人格發展極為幼稚，自己及其生母曾受到父親家暴，該恐懼經驗一直遺留心中轉為精神創傷，另處於對父親暴力的恐懼又期待父親接納的矛盾、割裂中，導致精神狀態遠低於同年齡層的成熟度，又十二歲時目睹母親為求解脫自殺身亡，心理上大受打擊以致精神成熟度停留在當時的狀況。

3.福田孝行並非想殺死兩位被害人，而是因為缺乏母愛而極度企求母子同體的想像，投射到懷抱本村夕夏的本村彌生身上，其期待如同嬰兒般受到母親懷抱從而上前抱住本村彌生撒嬌，而能回歸母胎、實現母嬰同體。然而遭到抵抗後不知所措，不慎殺死本村彌生；同時覺得失去母親的本村夕夏如自己一般可憐，因此在其頸部綁上蝴蝶結試圖安撫，卻導致本村夕夏死亡。

4.福田孝行性侵的行為，是因為過往看過漫畫中提及若與死者性交則可使之復活的情節，於是便性侵已經窒息的本村彌生。

5.綜上所述，福田孝行精神成熟度不僅如同未滿十八歲之人，且非出於故意而為前述行為，因此請求改判無期徒刑。

二〇〇六年最高法院開庭聆聽檢辯雙方意見後，撤銷廣島高等法院判決，理由如下：

就被告福田孝行之性侵、殺人行為而觀，被告殺害被害人而遂行姦淫，另為脫免犯行曝露亦殺害被害兒，各項犯罪行為甚為惡質，其犯罪動機、原委毫無審酌憫恕餘地。被告性侵、殺人犯意堅決，踐踏毫無過失的被害人等尊嚴、剝奪生命之犯行，不得不認為其乃冷酷、殘虐毫無人性的犯罪。被告殺害被害人等後，將被害人等屍體藏入衣櫥中，不僅企圖延遲犯行被發覺，其又竊取被害人財物等，考其殺人、性侵等犯後情狀亦令人髮指。被害人家屬受害情感極為深痛。被告於原審審理過程，就本件各項犯情之犯意、行凶態樣等盡為不合理抗辯，絲毫未能感受其真切反省之情。原本過著平穩、幸福生活的母女兩人，白天於家中遭遇本件慘無人道犯罪，其對社會產生重大衝擊實難忽視。

另就高等法院的判決內容進行檢視，高等法院認為：福田孝行是剛滿十八歲的少年，雖可判處死刑，但相較同年齡的少年，其精神上、道德上的成熟度顯然偏低，且從卷證資料以觀，仍有許多證據上亦可窺知其尚處幼稚的狀態。故若能證明被告精神成熟度遠低於同十八歲年齡的少年，應可依照《少年法》第51條規定「對於未滿十八歲而犯罪者，處以死刑時，應改科以無期徒刑」，認定為得以迴避死刑的「應特別審酌事項」。

對照前述諸項情事，被告犯罪當下尚為少年、殺被害人等並非計畫性、被告亦無前科容有更生可能、對於被害遺屬提出道歉文或相應竊盜金額之賠償，縱充分審酌被告相關情節，被告刑事責任仍屬重大。本院考量本案犯罪性質、動機、手法、結果重大性，亦審酌得迴避死刑之事由，綜合判斷後仍認判處死刑判決實不得不然。

綜上所述，本院撤銷廣島高等法院的判決，發回廣島高等法院更審。

## 高等法院有改判死刑嗎？

二〇〇八年四月廣島高等法院再行審理作成判決：

被告為達姦淫目的，殺害被害人、遂行姦淫，另對稚氣幼兒亦下手殺害，其犯罪極為惡質，犯行造成被害二人死亡，結果亦屬重大。被告過度偏激、自我中心的犯罪動機、原委，在在毫無憫恕餘地。另其各項犯行犯意堅決、冷酷殘忍毫無人性，殺害被害人兩人後，又行竊盜、湮滅罪證等等犯後態度不佳。另考量被害人家屬受害情感極為深痛、社會的重大衝擊等諸般情事，被告罪責誠屬重大。

此外，就辯方所提福田孝行企求母愛、母體回歸等之內容進行檢討。本院不否認辯護人接見福田孝行兩百九十六次之事實，惟自起訴起六年半後福田孝行才對新組成的辯護律師團表達自身渴望母愛等之真實供述，本院認為極為不自然且亦非福田孝行最初之陳述，難以信用。又福田孝行在後續於本院審理時才向被害家屬道歉，本院認為屬表面敷衍之行為，且其曾發表對被害家屬不敬的言論，難認有真摯之反省。

另就辯方所提，認為福田孝行精神成熟度遠低於同年齡少年，因此不符合得處以死刑之資格。惟從《少年法》第51條的規定來看，僅要求「少年犯不得迴避死刑之適用，僅限於滿十八歲者」的形式條件，並未要求具一定精神成熟度、可塑性之實質條件才能判處死刑，故未能因其精神成熟度尚未充分，即以《少年法》第51條排斥死刑之選項。

縱就各項殺害行為或無計畫性、被告前科前歷、生長環境、犯罪當下剛滿十八歲、其精神成熟度、更生可能，以及其他一審判決後等被告有利情事多所審酌，就罪刑均衡觀點或一般預防觀點，處以極刑乃不得不然。

廣島高等法院最後判決福田孝行死刑，雖然辯護方有再提起上訴，並於二〇一二年於最高法院進行辯論，但最高法院仍支持死刑的判決，辯護方也放棄上訴，全案死刑確定。福田孝行至本書截稿前仍在看守所中等待死刑。

## 想想看

在本案中，「剛滿十八歲沒多久，但是精神成熟度較低的被告，到底能否承擔死刑的責任？」成為訴訟攻防的主要焦點：

■檢方認為：福田孝行已滿十八歲，符合日本《少年法》文字上的規定，形式上只要年滿十八歲得處以死刑之規定，且罪大惡極，應判處死刑。

■辯方認為：福田孝行雖滿十八歲，但其心智年齡完全不達一般人十八歲的標準，因此不能僅依照年齡來判斷，而是同時要考量他的精神狀況，因此不能將他認作一般十八歲的人來看待，請求判處無期徒刑。

而法院最終採納檢方的意見，否認辯方所提的內容，並判處福田孝行死刑。

如果從另外一個角度來審視本案——辯方準備的資料，最重要的有「犯罪心理鑑定報告書」、「精神鑑定書」這兩份鑑定資料。這些鑑定資料的做成方式，除對被告進行每次約兩小時、計八次面對面訪談及數次的測驗外，對其父親計四次、後母、阿姨（生母的妹妹）、高中時的輔導老師、同年級同學兩位亦分別進行訪談，且參考各判決書、審判筆錄、偵查筆錄、書信以及先前少年調查紀錄等資料，基於犯罪（非行）臨床心理學專家的專業知識所作的報告。後項鑑定，乃對被告進行每次約兩小時、計三次面對面訪談，父親、友人、被告祖母以及母妹阿姨進行訪談，也參考除偵查筆錄之上述資料等，基於精神醫學特別是青少年精神病理之研究者、醫生的專門知識所作的報告。此外，製作報告書及鑑定書的兩位鑑定人，均有出庭在審判中接受鑑定人交互詰問。這些資料都嚴謹且明確地做出福田孝行在極度缺乏家庭親情之愛下，精神成熟度顯著不足的結論。

倘若細細審視這兩份鑑定報告，連同被告表示渴望母愛等的陳述意見進行思考，似仍有值得傾聽、審酌的餘地。審判過程若能對於被告精神成熟度顯然偏低的事實再作調查，或許對於本件犯罪的來龍去脈及對於福田孝行為何會做出如此異於常人之行為的理解、評價會有所不同。

此外，若就《聯合國少年司法最低限度標準規則》第17條第2項來，基於保護少年之基本理念，條文規範：「死刑就少年所為任何犯罪，均不得適用。」明白規範就少年犯罪不得處以死刑乃毫無例外。

所謂十八歲成人之精神成熟度，應有如何精神狀態、能力或應具備如何程度？另應明確指摘其應具備如何要件，方能判定與正常乖離有無或其程度？然人的精神能力、作用具有多面向，各個面向的發達程度因人而異、各有偏差似難避免，較難有客觀評價的基準，或具公信的調查方法。

針對這項問題，日本最高法院的金築城志審判長在審理本案時表示：「精神成熟度於犯罪情狀、一般情狀綜合評價過程，其定位乃屬一般情狀的量刑因子之一。」

因此，若以本案來看，被告人格形成、精神成熟程度如何，其何以致之或如何影響犯罪，除了各項調查報告外，尋求相關專家進一步鑑定，再對量刑情事調查、證據評價重新檢視，或許是更為適合的。

依照日本《少年法》的規定，法條僅簡潔地表示「滿十八歲」即有可能會被判處死刑，而在本案中法院的判決更明白表示只要形式上滿十八歲便符合法律的規定，而較不贊同實質探討被告的精神年齡狀況作為免除死刑的原因。你贊同日本法院的判決嗎？理由是什麼呢？

對於被告是「精神成熟度低下於同年齡者的人」時，你認為應該判處死刑嗎？判定的基準與理由會是什麼呢？

若你是國民法官，你會選擇判處福田孝行死刑嗎？理由是什麼呢？

＊關鍵詞：犯罪類型（強制性交殺人）、動機（利慾薰心）、手段（徒手勒死）、結果重大性（兩名被害人）、被害感情（相當強烈）、社會衝擊（衝擊極大、影響修法）、犯人年齡（剛成年、智識能力欠佳）、前科（無）、犯後態度（欠佳）、殺人計畫性

# 第八章　殺人、放火與死刑

## 案例8　恣意縱火與殺人——山形東京連續放火殺人事件

《公民與政治權利國際公約》（下稱公政公約）經立法院通過兩公約施行法後，已具有國內法的效力。該公約第6條第2項明文規定，所犯是最嚴重之罪行，才能科處死刑。其中，聯合國人權事務委員會在二〇一八年對於該公約第6條作出第36號一般意見的拘束力解釋，對應到我國刑法架構，所謂最嚴重的罪行是指涉及直接

（確定）故意殺人的犯行，間接（不確定）故意殺人則不可以適用死刑。但是，對於縱火案件而言，明知屋內可能有人的情況下，仍於一樓放火造成火勢蔓延而導致人員死傷的案件中，該不確定故意殺人之情形應如何適用？

本案中，被告犯下了兩件縱火殺人犯行，其中一件為利用縱火（不確定故意）殺人，另一件則是先將人殺死再縱火滅證；本案被告死刑判決已確定。

## 事實背景　因愛生恨的縱火與殺人

### 事件１：山形事件

本案被告在二〇〇八年認識Ｂ男並開始交往；期間，Ｂ男因受不了被告的暴力對待，便與被告疏遠，並以住在山形市的雙親身體欠佳為由，於二〇一〇年返回山形老家。然而，被告並不想中斷與Ｂ男的交往，於是前往Ｂ男老家拜訪，並直接開車將Ｂ男載回名古屋自宅。其後，Ｂ男因須照料雙親，再度返回山形。被告仍以電話告知Ｂ男，希望兩人能一同在名古屋生活。但Ｂ男答覆被告，因照顧雙親及幫忙家裡工廠等因素，無法答應被告同居要求。被告因而認為Ｂ男身不由己的原因是雙親身體不好及老家工廠的束縛，如果不能排除這些問題，B男就無法回到身邊，便思考要放火燒了B男雙親居住的老家及在旁邊的工廠。於是被告在名古屋買了二十公升的燈油，並分成兩個汽油桶盛放，從名古屋出發前往山形，等待下手放火的機會。

B男的父親（當時七十一歲）及母親（當時六十九歲）等四人住在老家；該處是一棟兩層樓木造的建築物（約一四七・八七平方米）。被告明知B男雙親居住在屋內，如果發生火災將會造成B男雙親死亡，卻趁機於該住宅一樓東南側書房外牆放置的垃圾袋潑灑燈油，並以打火機點燃面紙，將燃燒中的面紙丟向潑灑燈油處。起火後，火勢開始從書房外牆蔓延至屋內地板、牆壁、天花板等處，其後造成整棟屋子燃燒；當下，也造成屋內的B男雙親死亡。

## 事件2：東京殺人放火事件

被告在二〇一一年二月上旬認識E男並交往，在四月下旬開始與E男同居；因為E男無法忍受被告長時間的言語暴力，曾多次逃離被告住所，但仍被迫返回同居。當最後一次E男逃離被告處所回到東京時，由於E男母親拒絕透露E男行蹤，被告便對E男母親產生恨意。於是，被告便開始策畫殺害E男母親。被告計畫先以一氧化碳中毒方式殺害E男母親，再放火掩蓋殺人犯行。被告著手準備殺人及放火工具，在同年十一月二十四日，被告與另一名同夥A女共乘汽車前往東京，在侵入E男母親住所後，以燒炭方式將其殺害，其後於屋內潑灑燈油，放火燒毀房屋。

## 爭議所在　放火行為是否具備殺人故意及加劇的殺人行為

本案被告先後犯下兩件殺人行為，第一件案件中，被告對於放火的木造住宅，當下有人在屋內的情況有所認識，因此法院認定被告的放火行為具備殺人的未必故意。犯下第一件案件不久，被告又再度策畫殺人行為；本次為了確實殺害被害人，被告先以燃燒木炭方式造成被害人死亡，隨後企圖湮滅事證而將殺人現場偽裝成火災現場。被告的殺人行為，造成三名被害人死亡的重大結果。

## 人民法感的判斷（一審判斷）

本件犯案時間是在週末晚上九時四十五分至十時十分之間；被告明知兩位被害人平常都在屋內生活，大約晚上九點前就會就寢；並且，被告知道兩位被害人身體均欠佳，B的父親七十一歲，行動不便；母親六十九歲，患有阿茲海默症，日常生活需要人協助；加上平日曾聽聞B男講述老家的情形，可推定被告應知道兩位被害人當時正在屋內。

在木造房屋與工廠間狹窄通道上，被告將大約五公升左右的燈油倒在牆邊放置的垃圾上方；五公升的燈油潑灑在房屋的外牆。其後，將點燃之面紙丟在已潑灑燈油的垃圾上方縱火。被告在拜訪B男老家時，知道房屋為木造的，並且選擇在狹窄且不易被發現的昏暗通道內放火。因此，可推認被告對於放火燒毀房子之認識及造成兩位欠缺避難能力之被害者死亡的結果均有認識。

被告對於木造房屋內，兩位被害者可能當時正在其中有所認識，並且可推認被告知道放火行為將造成行動不便的兩名被害者死亡之高危險性，因此認定被告對於兩位被害者具有殺人故意。

## 犯罪動機

山形事件：被告是因其認為交往中的B男，因長男的身分，受到需照顧年邁雙親之故，無法與自己在一起，因此產生殺害兩位被害人的殺人犯意。雖其動機是因為戀愛感情，但完全是任意自私的想法而難以理解。

東京事件：被告在山形事件發生幾個月後，便開始跟被害人的兒子E男交往。但由於被害人的兒子希望與被告分手，被告不甘心，便與A女持續打探E男下落。被告認為，由於被害人的介入，導致E男的冷落；並且被害人不願告知E男去向，於是心生怨恨，打算殺害被害人。

## 犯罪前計畫

山形事件中，被告在決定放火時，從名古屋購入二十公升的燈油，甚至為了搬運方便，還準備了兩個汽油桶。晚上抵達現場後，等待合適時機，認為兩位被害者應該在屋內時，將十公升的燈油潑灑於堆置現場的垃圾及木造外牆，並且點火，其危險性非常高。

東京事件中，被告為了掩飾殺人的行為，打算以一氧化碳中毒及縱火方式下手殺人。事先準備了許多工具，例如煤炭、大鋼盆、膠帶、大量煤油等；並向友人借來汽車進行搬運。可知被告殺人計畫周全，並有施行殺人及放火的堅決意圖。

**手段**

山形事件：從這樣的犯行手段及準備狀況來看，放火的行為具有相當高的計畫性及強烈的犯意。然而有關殺人方面，在不確定兩位被害人是否真的在房屋內，以及被告人點火後亦未確認火勢的情形下，尚無法推論認為有高度的計畫性或強烈的殺意。

東京事件：相較於山形事件，本次被告準備了更充分的道具及計畫，提高了殺害被害人的危險性，可知被告對於生命的藐視程度。被告及A女兩人，先闖入被害人家中，等到被害人返家後，兩人先綑綁被害人的手腳並逼問被害人兒子的下落；在被害人不願告知情況下，將事先準備的大鋼盆蓋住被害人，並在其中燒炭，打算讓被害人一氧化碳中毒而亡。期間，被害人不斷掙扎並且求救，甚至是從大鋼盆中爬出抵抗。然而被告均無視被害人求救，大約兩小時後，等到被害人沒有動靜時，再度點燃新的煤炭放入大鋼盆中。被告在現場眼睜睜看著被害人痛苦求饒，並為確保被害人死亡，仍放入新的點燃煤炭等行為，殘忍至極。

### 被害人家屬的被害感情

山形事件中，被害人居住的木造住宅全部被燒毀。對於突然遭遇火災的兩名無辜被害人，在來不及逃生下，活活被燒死的痛苦，是能想像的。被害人的長男希望被告能以死償命、次男希望處以被告極刑。

東京事件中，被告是挾帶怨恨之下，剝奪了一條無辜的生命；被害人僅僅是因為替兒子著想而不願吐露行蹤，相當無辜。因為被告的犯行而造成突然喪母，身為兒子的悲痛可想而知，因此在法庭上希望處以極刑，這般的處罰感情是理所當然。

### 減刑判斷

被告在山形事件中，除了辯稱未具殺人故意之外，坦承縱火的犯罪行為，並知道自己行為對於社會造成的影響，亦表明反省態度；同時，被告的家人也願意在今後約束被告行為，但仍無法對於量刑發生實質影響。

綜上，山形案件中，雖被告未達高度計畫性殺人的程度，但從兩件事件殺人行為及結果來看，本案是屬於犯情相當重大的犯罪。從本案的犯罪類型、動機、手法、結果重大性、遺族感情等，即便被告已反省，仍必須科處被告死刑。

## 職業法官仍維持一審判斷（二審判斷）

山形事件中，被告明知屋內的B男父親已經高齡七十一歲且行動不便，B男母親六十九歲患有阿茲海默症，兩人的日常起居生活都需要有人協助，因此當發生火災時，兩名被害人均欠缺避難的能力；被告在知情的情形下仍對於木造房屋縱火，可知被告具備殺人故意。另外，被告的縱火位置，在火勢蔓延的情形下，尚未有充足的證據可證明阻斷屋內人員逃生可能，加上被告並未事先確認被害人當下是否正在屋內的情形下，認定被告具備未必故意殺人。

被告在山形事件中，基於未必故意殺人之下進行縱火，造成兩名被害人死亡；在東京事件中，在萬全的準備下計畫殺人及放火，無視被害人的痛苦及乞求仍殘忍殺害，被告的行為難以理解、非人道輕視人命的態度、加劇的殺人行為，即便考量被告已有反省且有更生可能性的情形下，仍維持一審作出的死刑判決。

## 最高法院維持死刑判斷（三審判斷）

被告因希望將B男帶回身邊，因而萌生放火計畫，並在未必故意的殺人犯意下，實行放火並且造成兩名被害人死亡；其後，又對於藏匿E男的母親懷有恨意下將其殺害。不到一年的時間，被告僅是在希望將交往對象帶回同住的想法之下，接連犯下殺人及縱火等重大犯罪，可見被告本身對於人命輕視的態度，因此各犯行均應遭受強烈譴責。在兩個事件中，合計奪走三名被害人寶貴之生命，其結果亦極為重大。另外，在東京事件當中，被告事前計畫周全並將被害人殺害；即便被害人苦苦地哀求，被告也不顧被害人的饒命請求，而是坐在被害人身邊，看著被害人經歷兩個小時的痛苦過程而死亡。這樣的殺人手段是極度殘忍的，放火的犯罪行為也具有高度危險性。本案的被害人，均沒有任何應歸責的事由，因此被害遺族們理所當然地表達強烈的處罰情感。

在山形事件中，雖無法否認可能為未必故意的殺人犯意，且被告已有反省態度等；即便衡酌被告有利的因素下，被告之刑事責任仍極為重大，因此二審仍維持第一審的死刑判決並沒有違誤。

## 想想看

《公民與政治權利國際公約》經立法院通過施行法後，已具有國內法的效力。依公政公約第6條第2項規定，所犯是最嚴重的罪行，才能科處死刑，已實質限縮刑法死刑規定的適用範圍。而依聯合國人權事務委員會在二〇一八年對公政公約第6條作出第36號一般意見的拘束力解釋，對應到我國刑法架構，所謂最嚴重的罪行是指涉及直接（確定）故意殺人的犯行，間接（不確定）故意殺人則不可以適用死刑。從放火的刑度來看：放火本身不會判死刑，計畫性放火亦不會判死刑，放火也非兩公約最嚴厲犯罪，也不是日本量處死刑的犯罪態樣。量處死刑的重要關鍵在於殺人行為；對於人命的輕視、事前的犯罪計畫、殺人的重大性（被害人人數）及恣意剝奪人命，才會是決定判處死刑的關鍵。

在日本山形案件中，被告明知木造屋內住有兩位不良於行的老人，仍進行縱火，造成兩位被害人命喪火窟；更在山形案件犯案不久，又再度犯下殺人案件。這次藉由一氧化碳中毒方式殺害被害人，並為湮滅事證而潑灑大量燈油及縱火。被告的行為造成三名被害人死亡，且手段殘忍程度也逐漸加劇；因此，在日本案件中，被告判處死刑定讞。

縱火案件往往因為現實條件限制，例如無法確切知道屋內是否有人等情形，即便造成人員的傷亡，僅能認定被告具備間接故意或未必故意。然而，縱火案件造成被害人死亡時，仍應綜合考量動機、是否具備殺人計畫性、放火手段及結果重大性等要件，或可考量本案日本判決情形。

如果你是國民法官，在審理縱火殺人案件時，如果行為人只具備縱火的計畫性，而欠缺殺人的計畫性，你會選擇判處被告死刑嗎？理由是什麼呢？

**＊關鍵詞：犯罪類型（殺人、放火）、動機（挾怨報復、感情糾紛）、手段（縱火、燒炭使被害人窒息死）、結果重大性（三名被害人）、被害感情（處罰感情強烈）、犯後態度（已反省）、殺人計畫性（層升）**

# 第九章　前科與死刑

## 案例9 〈二審改判無期〉有前科就該判死？——南青山強盜殺人事件

對於一再犯同樣錯誤的人，大多數人或許會覺得這種人沒有記住先前自己犯下的相同錯誤、不知反省，可能會傾向較不願意表示同理或憐憫。但對於犯了不同錯誤的人，多數人或許會願意包容或給予機會。

而刑法上，一再犯錯的罪犯會被稱為「累犯」，依據刑法第47條規定：「受徒刑之執行完畢，或一部之執行而赦免後，五年以內故意再犯有期徒刑以上之罪者，為累犯，加重本刑至二分之一。」代表只要犯罪人出獄後，在五年內故意再犯任何罪行，且被判有期徒刑的話，那麼刑度就最多加重到二分之一（最多乘上一點五倍）。這樣的規定，是認為倘若過往都受過處罰，但還是故意犯罪的話，那代表需要更多時間進行矯正，因此會將刑期加重。

然而，如果犯的是兩種完全不同的罪責，後面所犯的罪仍要被加重，這樣是否合理呢？例如：曾經犯下不能安全駕駛罪的少年，在服完刑後不到一年內收到「教育召集令」而必須要到軍營受訓，但是他選擇逃兵因而觸犯《妨害兵役治罪條例》，原本只需被處以三年以下有期徒刑，卻因為累犯的規定，而加重刑期長達四年六個月以下的徒刑。

而後許多法官、人民認為這樣的處罰實在不公平，因此聲請大法官釋憲，而大法官在釋字第775號中解釋：「累犯者有其特別惡性及對刑罰反應力薄弱等立法理由，一律加重最低本刑……致生行為人所受之刑罰超過其所應負擔罪責之個案，其人身自由因此遭受過苛之侵害部分，對人民受憲法第八條保障之人身自由所為限制，不符憲法罪刑相當原則。」也就是說，大法官認為處罰累犯的理由僅因為認定他「對刑罰反應力薄弱」便一律加重處罰是不合理的。

那麼，倘若被告曾犯下殺人罪出獄後，因為再度犯下殺人罪而被起訴，這樣有殺人前科的被告是否要直接加以嚴懲，甚至乾脆處以死刑呢？或是，就算是殺人罪，也有不同的差異而要進行更多考量？以下，將以日本「南青山強盜殺人事件」為例，說明在審理中對於前科的判斷與評價方式。

## 事實背景　為財殺人的罪行

二〇〇九年十一月十六日上午十一點多，東京都港區南青山一帶的住宅區，一名女性前來探望住在這附近的親戚——七十四歲的A，卻意外地發現親人竟慘死在自己家中，家中凌亂不堪且棉被、枕頭上血跡四濺、慘不忍睹，於是隨即報警。

經過警方調查，發現A的脖子上有被刀刃深深刺入的傷口，且屋內有被翻找、撬開等的痕跡，因此猜測有強盜闖入屋內物色財物，並殺死A後逃離現場。警方認定這是強盜殺人的案件，便成立了調查小組進行更嚴密的調查。

二〇一〇年一月，警方鎖定五十九歲、無業且居無定所的伊能和夫，並強烈懷疑他於案發前一天下午闖入A的家中搶奪財物並以菜刀殺死了A，隨後便依強盜殺人罪逮捕。

警方調查後認為，伊能和夫於二〇〇九年十一月十五日下午兩點多，為搶奪財物而闖入A的大門未上鎖的家中，隨後發現人在家中的A，便決定殺死A之後再搶奪屋內財物。於是抱持著殺意，手持事前購買的不銹鋼製菜刀向A的脖子刺去，導致A的左右頸部動脈嚴重損傷致失血過多而亡。

同年二月，東京地方檢察署以強盜殺人的罪名起訴伊能和夫。

## 爭議所在　對於有前科的被告，是否就應該更傾向死刑？

警方在調查伊能和夫時，他始終保持緘默。此外，警方亦調查他過往的犯罪紀錄，發現他曾經因與妻子爭執而殺死妻子及小孩，因此被判了二十年的重刑，然而在二〇〇九年五月假釋出來半年又犯下本案。

檢察官認為伊能和夫是闖入他人家中謀財害命的凶手，應判處死刑；而伊能和夫的辯護人則主張無罪，並指出有可能在伊能和夫闖入A的家中前，就另有凶手將A殺害。

法院針對檢辯雙方的主張進行調查，最終法院認為伊能和夫便是本案的凶手，接著進行量刑。依照日本《刑法》的規定，強盜殺人可以判處死刑或無期徒刑，因此法院就必須依據永山基準考量是否要判處伊能和夫死刑——然而，伊能和夫曾經殺害妻小，且假釋半年便再度做案的前科，成為量刑時的重大爭議點。

## 人民法感的判斷（一審判斷）

本案由於是殺人的重大案件，便以裁判員參與審判的方式進行審理。東京地方法院調查完證據，及經檢辯雙方各自說明審理意見後，提出本案判決理由如下：

### 犯罪動機

伊能和夫為了搶奪財物而闖入A的屋中，而為了防止自己奪取財物時會被A發覺，便在發現屋內睡午覺的A後將他殺死。

## 犯罪前行動

根據警方提供的監視器畫面、表示有看見伊能和夫的目擊證人等之證詞可知，伊能和夫於犯罪前數小時，先至東京上野一帶的某家刀具店購買了刃長約十七點五公分的菜刀，而菜刀外包覆一層塑膠殼並被裝在白色塑膠袋中，另附有發票一張。接著伊能和夫乘坐電車至六本木站後步行，觀察可以下手的目標，同時將菜刀取出，將塑膠殼、塑膠袋及發票棄於路邊的墓園裡，而在發現A的大門沒有上鎖後便闖入屋內犯下本案。

## 犯罪手法、犯罪後的行動

伊能和夫基於搶奪財物之目的，從未上鎖的玄關門口侵入被害人房間，見當時七十四歲的A正在睡午覺，而決定殺害A並搶奪財物；為了確保能夠確實殺害A，便以不銹鋼製菜刀用力向A的脖子突刺，刀刃部分完全沒入A的頸部裡，造成十八公分深的傷口，致左右頸動脈損傷而失血過多，當場死亡。接著，伊能和夫為防止血跡四處噴濺，便迅速以A的棉被、枕頭覆蓋住A的傷口。在殺死A後，更仔細物色、翻找A家中幾乎所有放置財物之處，並在奪取財物後逃離A家。

伊能和夫僅想到自身利益而輕視人命之行為，可謂冷酷無情的犯罪。

## 犯罪結果

本案導致一名被害人A死亡。A辛勤工作至今且育兩子。在假日的午後，酒足飯飽後悠閒午休之際，卻在一瞬間被奪取了生命。其所遭遇之恐懼、痛苦雖未能確切知悉，但在毫無預期下迎來死亡，對於此生空留遺憾不難想像。就此而觀，本案結果極為重大。另外，A的長子強忍悲傷，縱使盡力保持冷靜，仍然請求將伊能和夫判處死刑。

## 減刑判斷

就犯罪計畫性來看，伊能和夫之犯罪，雖難以被稱為計畫細膩的犯罪行為，但其從事前購買菜刀，並將菜刀包裝遺棄在墓園並尋找下手目標等行為，並非出於偶然而生的犯意，因此可認有計畫性。

再就伊能和夫的過往經歷、動機進行檢視，其前罪服刑完畢後，不久便從事鋼筋模板工人之工作，然而被發現有入獄之經歷後便遭解僱。隨後其接受社會救助，同時亦有繼續尋找工作，但並不順遂。雖無法確認其工作狀況、求職時之熱心程度，但可認其有工作、更生之意願。然而，伊能和夫在接受生活保護時，是生活於提供三餐、收費低廉的收容所中，且其四周均有願意提供協助之人，在精神、經濟方面應非極為窘迫的情況。即便如此，其為了能快速獲取金錢，抱持著強盜的犯意犯下本案。綜上所述，難以酌減其刑。

最後，就伊能和夫的前科進行審視，其曾刺死自己的妻子，隨後因對未來感到絕望，為燒死兩名子女以求全家共死而對自己的房屋縱火，結果使一名女兒被燒死。伊能和夫因而被論以殺人罪、殺人未遂罪、放火燒毀現住建築物罪，並被判處二十年的刑期。在服刑期間，其應深刻悔悟自己奪取兩條生命的罪行，並深思對於生命之尊重，然而在出獄短短半年，便再度犯下本案。伊能和夫輕視人命之行徑，應予以強烈譴責。

綜上所述，伊能和夫有奪取兩條生命之前科，又再度犯下本案奪取人命，對於量刑而言，乃必須重視之事項。

**判決結果**

東京地方法院綜合上述原因，認為伊能和夫為強盜錢財，一刀殺死無抵抗能力的A，殺害行為態樣冷酷，且犯罪結果重大。另有殺害二人處二十年有期徒刑之前科，出獄約半年後又基於搶奪財物目的剝奪被害人性命，與量刑上應特加重視，經慎重檢討被告有利情事，仍僅惟能處以死刑。

## 高等法院職業法官不這麼認為（二審判斷）

伊能和夫及其律師無法接受死刑的判決便提起上訴，後於二〇一三年於東京高等法院進行第二審，而東京高等法院再審查東京地方法院的判決後，主要認為：

1.死刑，乃終極嚴峻之刑罰，理應審慎行之實不待言。案件是否該當死刑，理應檢討永山判決所示量刑因素外，另須以歷來判決先例累積之量刑趨勢、行情，作為評量本件案件重大程度之參考。誠如一審判決所指，本件殺人犯意決絕、行為樣態冷酷無情，且犯罪結果重大，然被害人僅一人，侵入時即有殺意實難確認，除其前科外之各種情狀予以檢討，死刑之裁量難謂相當。

2.被害人死亡一人之強盜殺人罪，因前科之理由而判決死刑之案例，多均因殺人、強盜殺人經處無期徒刑之假釋人犯，再犯與前科案件具類似性之強盜殺人罪者，或者經處相當無期徒刑之長期有期徒刑前科之人，其前科犯罪內容與新犯強盜殺人罪間具顯著類似性之情形。本件被告之前科或類無期徒刑之相當長期有期徒刑案，惟其前科與本件財物目的之強盜殺人，就一般犯罪類型之區分尚難認具有類似性，且亦難謂其已無改善更生之可能性。

3.被告曾有更生想法而作努力，但因前科對就職影響致諸事不順，致有所自暴自棄而再犯罪或難否定，就被告前科之評價，於此應多所留意並加審酌。因此，以前科而判死有所疑義，第一審判決過度重視人命剝奪之前科即予以裁量死刑實有錯誤。

東京高等法院認為，審判時除應更留心審酌永山判決等過往判例、伊能和夫過往悲慘的經歷外，最重要的是：伊能和夫雖然有殺人的前科，但前科是因夫婦爭執而殺人，而本案則是為財殺人，在性質上並不算顯著類似，因此不能一概而論而判處死刑。

基於上述理由，東京高等法院撤銷第一審判決，改處以無期徒刑。

## 最高法院職業法官的最終判斷（三審判斷）

東京高等檢察署的檢察官無法認同東京高等法院的無期徒刑判決而提起上訴，日本最高法院於二〇一五年進行第三審，並提出判決理由如下：

### 考量判處死刑時應更留心參照對過往死刑量刑之判例

刑罰權的行使，乃基於國家統治權作用強制剝奪被告法益。其中，死刑不同於有期徒刑、拘役、罰金等刑罰，乃永遠地剝奪被告生命本身，於所有刑罰中最為嚴厲者，惟於不得不然之情形下，方可採行之終極刑罰。此正如同永山判決所示，及其後續同類型判決中多次宣示，相關死刑適用應格外審慎。

### 死刑量刑應以有共識的基礎為出發點

原本判決對於任何人應為公平，乃審判機制建構下之內在本質、要求。並如前述，與其他刑罰有所區隔之終極刑罰——死刑，其適用上更應充分留意及確認公平性。

量刑過程應考慮的一般情狀及其比重，就不同個案原不盡相同，與先前案例詳細比較可能意義性不大。死刑乃終極的刑罰手段，就其適用理應格外慎重並確保其公平性。因此，基此同樣思維並經慎重檢討累積形成之判斷基準，評議時應先檢討其死刑選擇上之考量因子以及各該因之權重、論據，並將其檢討結果作為審判法院共同認識的基礎，同時以此基礎作為評議討論的出發點實屬重要。

## 死刑量刑的體系性

本項量刑步驟，無論完全由職業法官構成之審判法院，或有裁判員參加之審判法院均應相同。再者，評議過程中，就前述判決所累積之基準，包括犯行罪質、動機、態樣，特別是手段的決絕、殘虐性、結果重大性，以及殺害人數、死者家屬的被害感情、社會衝擊、犯人年齡、前科、犯罪後之情狀等等，於參加判決評議人員做出結論前，經考量各項因子的權重、論據並綜合評價後，就死刑之選項是否可認為出於不得不然，基於前述慎重並確保其公平性之觀點必須審慎討論、評價。

因此，若審視第一審判決有關量刑事由之考量，特別指出伊能和夫殺人犯意決絕，殺害行為冷酷無情，且其造成的犯罪結果甚為重大。被告殺一人而判以死刑的案例，其量刑上若有不得不判處死刑的情狀並無不當，且本件確屬重大、惡質的案例。然而，本件被告侵入被害人住宅前，其是否已有殺人犯意尚難以充分證明，惟此與犯罪前即計畫殺人，或著手犯罪時即有殺人故意之案件，必須明確區分。若一開始即有殺人的計畫，並依計畫準備乃至實施，不僅提高侵害生命權的風險，同時顯見其對於生命權的蔑視，殺害行為的可譴責性相對較高，但犯罪若無類似計畫性，則可認為其可譴責程度相對較低。就本案而言，除去前科以外，很難以犯罪有計畫性等其他情狀綜合評價，便認為必須處以死刑。

## 死刑量刑之前科判準

第一審判決就量刑事由，曾特別指出：伊能和夫先前即曾有剝奪兩人性命，經判處殺人罪宣告二十年徒刑前科，然本件又以強取錢財目的剝奪被害人生命。亦即，本判決特別強調被告曾經涉犯殺人罪服刑二十年之前科。

日本判例上，因殺人而被處以有期徒刑之前科犯，於服刑後另犯殺害一人之強盜殺人案例中，是有可能被判決死刑或無期徒刑的。要如何評斷及譴責「在有期徒刑服刑後，再次犯罪」之被告，應具體考察前科與再次犯罪的關聯，及其再次犯罪之過程原委而為各別判斷。

綜觀本案，第一審所重視的前科是「因爭執殺害妻子，另對子女未來悲觀而謀為同死不成，結果燒死一名女兒」，但伊能和夫於本案之罪行是「為滿足個人私慾目的而殺害被害人A」，這兩者之間並無類似性，且被告服刑後有重新做人的想法而努力謀職，但終因前科影響而未能持續工作，以致難以否定其因自暴自棄而再犯本案，故本件強盜殺人的量刑，如過度重視被告前科實不相當。

基於前述理由，日本最高法院認為雖然伊能和夫罪大惡極，且有殺人的前科，但不能將前科與本案一概而論或過度重視便判處死刑，應審酌其他跟本案相關之事項及對伊能和夫的思考、行動具有影響力的其他因素。因此，認同東京高等法院的判決，維持無期徒刑的判決。

## 想想看

讀者們看完本案，或許會有疑問：即使前科與本次案件被起訴相同的罪名，也不能直接認定罪大惡極並判處死刑，那到底怎麼樣的前科才足以作為判處死刑的依據呢？

這個問題，在日本也有引起許多的討論。日本最高法院作出本案的判決時，參與審理的千葉勝美法官認為有必要解釋這個問題，於是提出補充意見。本書摘錄整理如下：

前科作為加重刑罰因子之理由，一般認為乃對先前刑罰制裁無感，以及刑期過程的教化改善不佳，以致再犯罪時其非難可能性提高，同時毫無反省、輕易地再次從事犯罪，益顯被告對於《刑法》保護法益（人命）輕視的性格。因此，以前科作為刑罰裁量加重因子，應該考量前科樣態內容、再次犯罪時間間隔、前後犯罪態樣的關聯性等等，方能決定能否加重以及其加重程度。

若以本案而觀，一審判決量刑忽略被告前科與本次犯罪的關聯性低，僅僅強調被告輕忽生命傾向之社會危險性論理脈絡下，即作為本案死刑裁量之重要因素，以致原本應以「犯罪行為本身」為評價核心之死刑檢討，或有淪為過度以被告「行為人人格」為評價對象之疑義。亦即，本案被告前科乃夫妻感情不睦而殺妻、對於小孩前途悲觀謀為同死殺人，與本件因錢財私慾目的強盜殺人樣態不同，甚無關聯，就其刑責非難程度、生命侵害風險，作為死刑選擇上的重要考量應有所不當。

日本的法院認為，不能過度重視前科而忽視其與本次犯罪的差異便迅速判處死刑，而是要與本次要論處的犯罪有「顯著的類似性」，才能作為判處死刑的依據。你認同這樣的觀點嗎？你認為怎麼樣的罪行才能算是「類似」的呢？

回顧本案，如果你是國民法官，你會判處伊能和夫死刑嗎？

**＊關鍵詞：犯罪類型（強盜殺人）、動機（利慾薰心）、手段（持刀砍殺）、結果重大性（一名被害人）、前科（謀為同死殺人前科VS基於利慾殺人）、欠缺殺人計畫性、裁判員判死二審改判**

# 第三部分

# 殺人計畫的有無

# 第十章 強盜殺人：死刑與無期徒刑的界線

## 案例10 〔二審改判無期〕非計畫殺人可否判死
## ——松戸市強盜殺人事件

殺人償命，似乎是華人社會的普世價值；但在法治國家的司法程序中，對於犯下殺人行為的被告，承審法官應如何評價其犯罪行為，進行公平審判則是訴訟程序的核心。目前臺灣已沒有唯一死刑的刑法規範，但死刑與無期徒刑的界線，此一難題仍持續受到關注與討論。在臺灣的刑法規範中，強盜殺人面臨的刑責為死刑或無期徒刑，但兩者間並無清楚的界線，實務判決中，亦未有明確判例。本文的實際案例，是一件強盜殺人案件；更是一件人民參審判處死刑，職業法官改判無期徒刑定讞的案件。

以下將藉由日本實際發生之案例「松戶事件」，討論強盜殺人案件中，如何在兼顧人民法感情的情形下，仍可維持量刑公平性。

## 事實背景　作惡多端並殺害一人

二〇〇九年十月，位於日本千葉縣松戶市某公寓二樓發生火災；火勢撲滅後，發現屋內有一名呈現全裸狀態之女性遺體。該名女子是居住在該址的女大學生，當時正就讀千葉大學四年級，二十一歲。由於在該名女性遺體身上發現刀傷，當地警察隨即朝殺人案件展開偵查工作。調查結果，在案發後曾有一名男子持被害人提款卡提領兩萬日圓現金之情形；因此，警方隨即調查該名男子身分，並鎖定被告豎山辰美；隨後被告遭警方依強盜及縱火等罪逮捕。

根據調查結果，被告於十月二十日晚上至二十一日間，撬開上鎖陽臺窗戶侵入被害人家中，並在二十一日早上十時左右，對當時返回家中的被害人強盜財物；被告持菜刀脅迫並將其兩手綑綁、毆打；在壓制被害人及強盜財物過程間，被告持菜刀朝被害人左胸突刺三次，造成該名女大生左胸部受傷而引發出血性休克而死亡。被告在強盜財物後，在二十一日時，持被害人提款卡前往ATM盜領現金，一共提領三次，其中一次有領到現金，另兩次則未成功領款；隔（二十二）日，被告為了湮滅該名女子遺體及強盜殺人的證據，便計畫縱火燒毀被害人居住的公寓（當時該公寓居住人員共計有十五人）。隨即，被告侵入該名女子住家客廳，以打火機點燃放在屍體旁的衣物，對該客廳縱火及燒毀女子屍體。

本案被告除犯下強盜殺人及縱火等犯罪行為外，在案件發生前後兩個月間，也分別對五名女性犯下強盜致傷、強盜強制性交等犯行；分別是(1)三次侵入住宅竊盜；(2)侵入住宅時，對一位七十三歲女性強盜致傷，需三週才能痊癒；(3)侵入住宅，對一位六十一歲女性強盜致傷，需八週才能痊癒；並對當時返家的三十一歲女性強盜強制性交、監禁，需兩週才能痊癒，並且使用搶來的提款卡盜領現金；(4)對於二十二歲的女性強盜致傷，需兩週才能痊癒；(5)侵入住宅，對於三十歲女性強制性交未遂。

## 爭議所在　非謀殺可否判死

被告曾有多次犯下強盜及強制性交的前科，在入監服刑七年後，出獄不到一個月時間，又再度接連犯下強制性交、強盜及強盜殺人等行為。其中，在本次案例中，被告打算闖入被害人家中強盜財物，當下卻持刀將被害女子殺害，殺害後並縱火燒毀房屋，被告的殺人犯罪行為是否具計畫性，被告是否應判處死刑？

## 人民法感的判斷（一審判斷）

第一審判決中，從被害者屍體傷勢來看，被害者的左胸部及頸部共計有五處遭刺傷及切傷的痕跡，特別是位於左胸部三個傷勢，不論是哪一刀都可以造成被害者死亡之重大結果。因此，根據法醫證詞，可判斷當時被告是在具有殺人故意的情形之下，持刀子朝被害人左胸部位突刺三次。

若從過去判例來看，對於被殺害人數僅有一人的情況下，欠缺「殺人計畫性」的強盜殺人案件中，大多不會科處死刑。本案審理過程中，認為被告雖有「強盜計畫性」，但欠缺「殺人計畫性」；不過，卻仍在量刑時指出：「並非殺一人即不能判處死刑」，並審酌以下「特殊情事」，作出應判處死刑之判斷：

**手段**

本案被告的殺意極為強烈，殺害態樣亦非常的殘忍且冷酷無情；放火行為亦具有相當高蔓延之危險性，是非常惡劣之犯罪行為。同時，本案亦造成難以回復之結果。

**前科、品行、素行**

松戶事件以外之犯行，強盜、強制性交等行為亦屬重大且惡劣，且過程中亦可能造成被害人生命及身體重大危害等重大被害。

被告先前犯罪累累，縱未犯下殺人的前科，但被告在服刑完畢不到三個月內，接連犯下本件強盜殺人案及多起強盜、強制性交等案件，可見本案被告對於重要法益的輕視及被告之犯罪傾向。

## 犯罪後態度

被告除了否認本案的殺人行為外，對於其他的犯罪行為都坦承不諱，甚至是表明自己能償命等；被告也透過書信向被害遺族表達謝罪，甚至在逮捕後企圖自殺。另外，被告的母親及妹妹在法庭上的發言，也希望能夠再給被告一次機會。因此，似乎可以窺見被告對於所犯罪行感到後悔。

然而，本案審理過程中，被告的言行舉止及犯行態樣均難以取信，特別是被告在法庭前後不一及不合理的陳述，推論被告並未據實以答，僅是為了迴避責任，因此認為被告並未深刻地反省。

## 遺族被害情感

從本案被害人被殺死的屍體情狀來看，被告的殺人行為是非常冷酷無情的，甚至還放火燒毀被害人住所湮滅事證；對於突遭此重大事件的被害遺族來說，被害遺族處罰之感情極為強烈，對於被告求處死刑的心情亦能理解。

綜上，從被告在短時間接連犯下之犯行來看，被告本身反社會性之性格傾向已根深蒂固。本案強盜殺人案件中，遭殺害之被害人雖僅有一人，該殺人行為雖不具計畫性；但考量被告在短短期間連續犯下重大案件，被告之人格傾向及對於被害人等，造成生命身體之重大危害及危險性之情形下，已無迴避死刑裁量之理由。鑑於上述考量事項，被告之刑事責任相當嚴重，因此認定判處死刑應屬相當。

## 職業法官改判無期（二審判斷）

死刑量刑之判斷，本應根據永山判決所提量刑因素審慎評估。在本案中，被告殺害被害人之行為，尚無法判斷具有殺人計畫性；同時，松戶事件以外之案件，「犯罪行為尚無殺人故意」及「未以奪取他人生命而達成自己利慾為目的」的犯罪行為。因此，即便是各案情節均屬重大且惡劣，該等行為亦具備之高危險性等情形，但各行為仍未達死刑之量刑標準。另被告也未有殺人之前科。因此，一審所認定之「特殊情事」，尚不該當成為選科死刑之考量。

從過去強盜殺人的案件中，僅有一名被害人遭殺害時，該殺人行為如果欠缺計畫性，大多傾向不選科死刑。被告犯下強盜殺人及縱火案件前後，亦有犯下多起強盜致傷、強盜強制性交等案件；雖各案件犯情重大且惡劣，且具有危險性等，但在綜合各量刑事由考量之下，本案仍難以認定具有「非處以死刑不可」之事由。無期徒刑與死刑具有本質上之差異，上訴審法院認為第一審死刑量刑有誤，撤銷原判決改判無期徒刑。

## 最高法院維持無期（三審判斷）

被告強盜殺害被害人之行為，該殺人行為並無計畫性；因此，量刑判斷不應過度偏重殺害態樣之惡劣程度。另外，第一審裁判員在量刑裁判上，過度強調殺害該名女子以外案件之惡劣程度及危險性、被告之前科及反社會性格傾向等，因而作出死刑之量刑判斷並非合理。第一審審理結果亦無法說明被告應判處死刑之具體理由，故肯認第二審做出之審理結論。

## 想想看

### 死刑判決與人民感情之落差

在松戶事件中，被告沒有殺人前科，但曾因強盜及強制性交案件入監服刑；並且在出獄後不久，接連犯下本次強盜殺人案件，及多次強盜、強制性交等犯罪行為。本案被告強盜殺人的犯罪行為，第一審、第二審及最高法院均認為欠缺殺人的計畫性。但是，第一審舉出判處死刑的「特殊情事」，第二審及最高法院均予以推翻，並認為被告犯下強盜殺人時，因欠缺殺人計畫性，因此不應量處死刑；同時，雖被告連續犯下多起惡劣且具有危險性的犯罪，但這些犯罪各自尚未造成被害人死亡，這些犯罪行為尚不能成為判處被告死刑的考量。

或許多數人很難理解，松戶事件的被告作惡多端，且每一個案件都造成被害人極大的危害，為何不能因此判處被告死刑？但是，別忘了，死刑跟無期徒刑有別；在死刑作出量刑時，仍應符合一定的訴訟程序，並且罪刑相當，在不得不處以極刑的情形之下，才能判處死刑。相對地，如何讓人民理解不判處死刑，則應建立一套死刑量刑基準，才能符合人民的法感情，並回應人民對於法律正義的期待。

「死刑」與「無期或有期徒刑」不同；「死刑的量刑」應強調的是「質」的考量，而非「量」的考量。松戶事件或許可以成為代表性說法；並非作惡多端就能判處死刑，而是「惡行」的本質。如此一來才能確保法院公平性及死刑量刑之基準。

日本永山基準其實並沒有明確地指出「死刑」及「無期徒刑」的界線，但被告之殺人行為，是否具有「計畫性」已成為量處死刑關鍵且重要性之因素。死刑與無期徒刑有別，因此作成死刑量刑時，應提出具體且具有說服力之理由，並強調「不得不判處死刑」之原因。即便被告在作惡多端的情況下，若各犯行不會判處死刑時，案件審理過程中應不能將各犯行疊加，甚至成為量處死刑之考量因素。

**＊關鍵詞：**犯罪類型（強盜殺人）、動機（利慾薰心）、手段（持刀砍殺）、結果重大性（一名被害人）、被害感情（處罰感情強烈）、品行、素行（作惡多端，接連犯下強制性交、強盜及強盜殺人等犯罪行為）、犯後態度（未有深刻反省）、欠缺殺人計畫性、放火（殺人後放火滅證）、裁判員判死二審改判

# 第十一章 強制性交、猥褻下殺人與死刑

## 案例11 〔二審改判無期〕猥褻並殺害一名女童會被判死刑嗎？——神戶小一女童殺害事件

二〇一七年，在社群軟體上，因為名人的呼籲促使被性侵害的被害人勇於在社群媒體上發聲、標記 #MeToo，鼓勵那些曾遭受過性侵害的被害者，勇於站出來尋求協助。社會大眾對於犯罪難以容忍，尤其是對於性犯罪，看到被害者哭訴因為性

犯罪遭遇到的身心折磨，往往使人心疼。更何況如果被害者是幼童，被猥褻或性侵害後殺掉，更是令人髮指。如果今天一個成人對於幼童做出猥褻動作，也就是雖然沒有對幼童做出性交的行為，只有愛撫等的猥褻行為，因為擔心害怕東窗事發，而把幼童殺害，這樣的被告，在法律上會被判死刑嗎？如果我是國民法官，在參與這樣的案件審理中，應該要特別注意怎樣的判斷要件呢？

接下來，將用二〇一四年發生在日本神戶市的猥褻並殺害六歲女童的事件，思考「對一名幼童性侵並殺害」，是否可以作為判斷死刑的原因。

## 案發經過

二〇一四年九月十一日下午，Y在路上見到放學後的六歲女童獨自一人，心生想要猥褻女童的歹念，便藉口對她說：可不可以找妳當作我畫畫的模特兒。女童答應後，便邀請她到Y的住處。不過，由於Y害怕誘拐女童的事情東窗事發，決定撫摸女童身體後將其殺害。

Y用膠帶纏住女童的頸部，以長達十五公分左右的長刀，重複砍殺後頸部四次以上，最後被害女童因為被膠帶纏住脖子窒息，及後頸部被砍失血死亡。為了處理女童的屍體，Y用長刀將屍體的腹部切開，將內臟取出，並把身體切成頭部、上半身、右腳及左腳四大塊，也把乳頭附近的皮膚切除。隔幾天，將屍塊裝進塑膠袋，先後將屍體遺棄在樹林當中。後來Y遭逮捕，被以誘拐、猥褻、殺人、毀損屍體、遺棄屍體起訴。

在這個案件裡，爭執的問題是：對於誘騙一位女童，並在猥褻後將其殺害並分屍的Y，是否可以量處死刑？

## 審理與判決

本案由於是殺人的重大案件，便由法院採取裁判員參與審判的方式進行審理，經審理後，裁判員與職業法官共同決議判決死刑。不過，被告跟辯護人收到判決後，對於死刑判決表示不服，決定上訴到二審法院，由職業法官進行審理，二審法院認為一審判處死刑未充分說明不得不判處死刑的理由，因此撤銷一審的死刑判決，並且改判無期徒刑。最後，檢察官不服二審法院的無期徒刑判決，上訴到最高法院，但最高法院認為，如果要判處被告死刑的話，必須要基於公平且慎重才行，認為本案沒有「不得已」判處Y死刑的原因，所以駁回檢察官的上訴。整個案件因此確定，Y被判處無期徒刑定讞。

## 一審法院怎麼說

首先，我們先來看看由六位裁判員及三位職業法官組成的法庭，如何審理這個案件。

### 猥褻意圖非常明顯

一審法院認為，被告在犯案前頻繁上網閱覽成人網站，特別是在犯案前三天更加頻繁。而且網站的內容也多以年少幼童為性對象的影片。因此，法院認定Y犯下本件誘拐案件的當天，性慾正處於高漲狀態，加上Y對於完全不認識的兒童犯下本案，並於殺害後將屍體乳頭附近的皮膚割除。可以判斷Y的性意圖非常明顯，認為Y誘拐被害幼童時，是具有猥褻目的。

## 判決死刑的關鍵因素

法院基於被告所犯的殺人行為，進行下面的討論，最後決定判處被告死刑：

### 犯罪性質

Y是以猥褻目的誘拐六歲女童並將其殺害，損害屍體後遺棄。Y所犯的犯罪罪質，是以女童為性慾的發洩對象，趁身心年幼控制她的行動，並將其殺害後遺棄屍體。這是在殺人行為中，屬於非常惡劣的犯行。

### 殺害動機

Y基於猥褻目的誘拐並殺害被害人。之所以做出殺人的行為，除了為了不讓犯罪東窗事發保護自己外，滿足自己的性慾也是殺人直接動機的一環。Y基於這些動機剝奪人之生命，這是在眾多殺人的案例中，極為自私及罕見的犯罪動機。

### 殺害的計畫性

雖然Y是將被害幼童騙到家裡後，才決定殺害她，無法直接認定是具有殺人的計畫性。不過，法院認為，Y既然是為了滿足性慾而控制被害人，利用被害人被控制行動自由的狀態下滿足性慾，也是Y的動機之一，而且這樣滿足性慾的動機也會及於殺害行為，很難說Y是出於偶然情況下殺害被害人；Y具有強烈的殺意，不能以Y的殺人行為不具計畫性，作為減輕Y刑事責任的原因。

## 犯行態樣

Y殺害幼童的方式，是用明顯過度攻擊幼童身體的方式，也就是勒死並使其失血過多而亡，比起單純剝奪幼童的生命，具有高度的殘虐性。

## 輕視生命的態度極其顯著

法院針對本案犯罪性質、殺害動機、殺害計畫性的有無、犯行態樣、結果重大性等進行檢討，並以這些要件作為Y是否具有顯著輕視生命的態度，並說明Y的犯罪責任非常重大。根據上面的討論，法院認為Y殺害幼童的手段極為殘虐，而且犯罪責任明顯重大，對於生命輕視的態度極為顯著。另外，又從具有同種犯罪性質案件的量刑狀況來看，不管有沒有殺害的計畫性，當行為人的犯罪行為，明顯屬於輕視生命的態度時，縱使只有殺害一名被害者，也不得不判處死刑。因此，雖然Y只殺害一名幼童，而且也沒有被起訴強制性交或強制猥褻幼童，但法院認為從公平觀點來看，是可以允許判處Y死刑，最後也判決Y死刑。

## 二審法院怎麼說

對於一審法院的死刑判決，Y認為不應該判處死刑，而提起上訴。案件上訴到高等法院後，二審法院認為，一審法院判決中所說「判決死刑實在是不得已」的觀點，不具體且沒有說服力，因此撤銷一審法院判決，改判Y無期徒刑。二審法院列出以下的理由進行說明。

### 殺害動機

被告Y是因為基於「滿足自我性慾」及「為了避免因猥褻目的而誘拐遭發現」的兩個動機，將女童殺害。這兩個動機都是基於性慾，引發一連串為了祕密進行猥褻幼童的犯罪，把阻礙犯罪的障礙排除，兩者之間具有關聯性，並不是獨立個別的動機。另外，著手犯罪的人，為了避免被別人發現殺人的犯行，所具備的「避免犯罪被發現的動機」，這個動機本身並不能拿來說明Y的非難可能性非常高。白話一點來講，就是任何人犯罪都會想要湮滅證據，因此無法以「為了避免犯罪被發現而殺人」這個理由特別譴責Y。

另外，雖然基於滿足性慾的動機殺人，屬於應強烈被譴責的犯罪動機，但如果加上Y是為了避免犯罪被發現而殺人，很難說明Y殺人的行為是非常自私的，也無法作為提高Y應負責之理由。

因此，一審判決過度評價被告Y的犯案動機，進一步地將犯案動機作為量處對Y不利益死刑的理由，是無法被接受的。

## 殺害的計畫性

在量刑的判斷上，二審法院認為，如果被告具有殺人的計畫性，那麼除了會提高對於被害人生命的危險性外，因為要做出殺人行為的事前準備工作等等，也都是顯示輕視生命的行為，應受到強烈譴責。不過，如果無法認定殺人的計畫性，對比起來，被告責難程度相對較輕。因此，有沒有「計畫性」，通常會涉及對殺人行為責難的高低，進而對於行為人刑事責任的輕重有非常大的影響。在考慮是否科處死刑時，殺人的計畫性是一個很重要的考量要素，應慎重評估殺人計畫性對於死刑量刑的影響程度。

基於上面的說明，二審法院進一步從正面及反面審查殺害幼童是否是出於偶發原因，不論是從正面以及反面都無法推論出來。推論過程如下：基於猥褻的目的將被害幼童誘拐至家裡的被告，是出於不想要讓猥褻的行為曝光，而把被害者殺死，Y也說之所以殺掉被害幼童，也不是因為幼童的抵抗行為的關係。與犯罪開始後產生意料之外的情事而開始萌生殺機，將被害人殺死的案例不同，這樣的事件難以說是「偶發性殺害」的犯罪。不過，基於下面的原因，二審法院也認為，對於Y誘拐幼童的態樣、殺害幼童的過程以及殺害的決意，無法否認Y殺掉被害幼童是偶發事件，也就是可能是「偶發性」的原因殺掉幼童。

對比上面所說計畫性的意義，可以說被告殺害幼童的行為，是具有偶發性，而非事前計畫好的。

因此二審法院進一步認為，既然本案無法認定Y具有殺害計畫性，對於被告的科刑，也不能認為與具有犯罪計畫性的情況相同。二審法院認為，一審法院所指出的「不能以無法認定具有犯罪計畫性，作為被告刑事責任減輕」的理由，是過度忽視Y的犯罪中沒有殺害計畫性而導致重判。

### 犯行態樣

二審法院認為，Y是用膠帶將被害人頸部綑綁後，刺殺其後頸部導致失血過多死亡，之後驗屍也發現屍體後頸部有多數的創傷，這樣的殺害態樣可以說是殘虐的殺人行為。不過，前面所提的一連串殺害被害人的行為，如果考量所刺殺的部位是布滿維持生命所必須的神經及血管的後頸，確實是剝奪了被告生命沒錯。但如果將這樣的殺害行為，評價為「具有超出剝奪被害者生命目的的攻擊行為」則是非常困難的一件事。雖然，本案的殺害方法，Y具有堅強的殺意，但很難說這樣的殺害行為，有讓被害人到死亡之前的痛苦增加或延長。而且，Y也在法庭中說，當勒住被害人頸部的時候，心想被害人應該已經死了，但一想或許也還有活著的可能性，為了確實將被害人殺害，才拿刀刺其後頸部。如果考量這樣的說法，一審判決認為被告Y的殺害手法，已經產生超出剝奪生命目的且具有過度攻擊的說理，這樣的說明已經明顯對於被告進行不利益量刑要件的過度評價。因此，二審法院無法認為被告

Y的殺人手段方法屬於過度攻擊的行為，也不認為殺人的犯行態樣具有極高的殘虐性。

**輕視生命的態度不是極其顯著**

根據前面的說明，由於二審法院不贊同一審判決關於殺害動機、殺害計畫性有無及犯罪態樣的評價及判斷，因此也無法肯定一審判決中認定Y忽視生命的態度極為顯著。

**量刑結論**

二審法院認為，無法肯定一審法院作出被告忽視生命的態度極為顯著的判斷結果，更無法贊同以這樣的觀點所推論出科處被告死刑是不得已的結果。因此，二審法院對於被告Y再重新進行是否判處死刑的量刑檢討。

**推翻裁判員之量刑**

雖然二審法院是由職業法官組成，職業法官是否可以推翻一審由國民組成裁判員的判決認定？這樣會不會使得裁判員制度喪失納入國民意見的意義呢？二審法院這樣說：

裁判員裁判在日本刑事裁判裡，會就事實認定與量刑進行判斷，這樣的規定是為了反映國民健全社會常識等目的。僅由法官組成之二審，基本上應尊重一審由裁判員參加的量刑判斷。不過，如果一審法院的判決對於犯行動機、計畫性、殘虐性等主要量刑因素，由經驗法則等法律觀點觀察後都難以被接受的情況下，也必須對於判決作出修正。因此，由於二審法院推翻原判決的量刑判斷，並沒有違背裁判員裁判的目的。最後，二審法院就以量刑不當為理由，撤銷一審法院判決，改判被告Y無期徒刑。

## 最高法院怎麼說

檢察官不服二審法院的說法，決定上訴到最高法院。不過，最高法院認為，綜合各項情事判斷也無法認定殺害的計畫性，且Y並沒有其他殺人的前科，因此無法藉由整體犯罪行為判斷被告具有明顯輕視生命的態度。在本案中，由於死刑是究極的刑罰，適用死刑必須基於慎重及確保公平的觀點，如果結合上述量刑要素，進行綜合性評價，也難以認為被告刑事責任非常重大，更無法說明是「出於不得已」之事由而選擇死刑的量刑。因此，最高法院最後駁回檢察官的上訴，本案最終以無期徒刑定讞。

簡單來講，最高法院也是贊同二審法院的看法，認為近年來，以跟本案同樣做案手法殺害被害人案件的量刑觀察，縱使是以性的動機或目的殺害一名被害者的案件，在無法認定殺人計畫性以及沒有伴隨著性的被害的情況下，對於沒有同樣前科的人，具有不科處死刑的傾向。因此，在無法認定殺人計畫性以及沒有伴隨性交行為的本案，對於沒有殺人或類似前科的被告，以公平的觀點，不能說科處死刑是不得已的選擇。

## 想想看

日本神戶小一女童殺害案件，死亡的被害人為女性未成年人，量刑上日本卻撤銷死刑改判無期徒刑。對於殺害一名幼童是否可以作為判決死刑的關鍵因素，日本最高法院認為，在無法證明被告對於被害女童有猥褻或者強制性交行為，也無法證明有犯罪計畫性的前提下，在同樣種類的案件當中，判決死刑是不符合量刑的輕重判斷的。因此，無法判決被告死刑。

此外，日本對於量處死刑判斷的考量要素，以犯罪罪質、殺害動機、殺害計畫性的有無、犯行態樣、結果的重大性考量，詳細討論被告犯罪行為的嚴重性，更一點一點討論與反駁，最後得出是否屬於不得已的情況，而必須判處死刑。

不過，有關隨機對未成年少女為猥褻或性侵害行為後，為了怕被發現臨時起意，也就是基於偶發性的原因殺害被害人，而不是一開始決定要猥褻或性侵被害人的時候，就決定要將人殺死，這兩者在法律上的評價是不一樣的，當然後者會比較可惡。各位讀者可以思考看看，日本法院用Y是因為偶然原因把被害人殺死，沒有計畫性，基於公平原則，與其他同樣殺死一人而且被告沒有前科的案件相比，不應該判決死刑的說理，是否有道理？這就要交給您去思考了。

**＊關鍵詞：犯罪類型（猥褻女童、殺人）、動機（色慾薰心）、手段（膠帶纏繞窒息死、持刀砍殺）、結果重大性（一名被害人數）、欠缺殺人計畫性、裁判員判死二審改判**

## 案例12　性侵強盜殺人的量刑判斷——岡山前女同事殺害分屍案

在新聞上所看見的許多案件中，可以觀察到登上頭條並會引起大家廣泛討論的是性侵害或殺人案件。此外，可以從許多網站、社論中看見臺灣人民普遍對於這兩類犯罪不僅反應激烈，更會給予很強烈的譴責。

倘若是性侵害又殺死被害人的案件，那更會引起群情激憤——即使自身並非被害人家屬，也會對於凶手的行為咬牙切齒，殷切地期盼判處凶手死刑。

以法律的角度來說，也確實有判處凶手極刑的判決存在。但是為什麼能夠判處凶手死刑呢？是出於什麼樣的理由宣判的呢？法官在量刑時，不能僅僅出於「凶手十分惡劣，人民也想要凶手以死謝罪」的理由而判處死刑，必須要嚴格地考量凶手是出於什麼樣的動機、手法進行犯罪，才能宣判死刑。

以下，將以日本裁判員制度二〇一二年判決的案件——「岡山強制性交殺人分屍案」為例，思考關於「強制性交殺人是否可以判處死刑」的問題。

## 事實背景　強制性交與殺人交織的罪惡行動

### 擬訂強盜、強制性交與殺人的犯罪計畫

二〇一一年，於岡山縣工作的住田紘一與婚約對象分手後陷入了人生的低潮，同時未能被滿足的性需求也逐漸強烈，便起了性侵他人以排解性慾的念頭。於同年七月起，住田紘一便開始物色公司中符合他喜好的女子：D與其他兩名女同事。並計畫將其中任一位女同事引誘到E公司的倉庫後壓制她並搶奪財物，再綁架到家中反覆逞其獸慾；接著再用防身用的蝴蝶刀刺死她，最後分屍、棄屍。

住田紘一於九月二十日離職後，想到再過十天就要搬回位於大阪的老家，於是改變了原本要將女同事綁架回岡山住處的念頭，決定在倉庫裡用手銬壓制女同事後性侵、搶奪財物後再接著殺害與分屍。隨後，他便準備好蝴蝶刀、碎紙箱、手銬等做案工具，準備行凶。

### 迅速且毫不猶豫的犯罪過程

二〇一一年九月二十日，離職後的住田紘一藉著返還公司門禁卡的機會回到公

司，並把汽車停在公司附近的停車場以方便迅速逃離，接著服用了壯陽藥確保做案時能勃起，然後到公司門口等待女同事下班。晚上六點左右，他發現剛下班的D，便呼喊D請她協助搬運東西，藉此引誘她到倉庫。

住田紘一抱持著強制性交、殺人、搶奪的犯意，將D引誘至倉庫後，強行把D抱至倉庫深處後推倒並壓住她，接著為讓D無法呼喊求救，用力揮拳毆打D二十餘次，並抓住她的頭髮用力撞擊地面數次，在D安靜下來後便以手銬銬住其右手，但D再度抵抗，他便凶狠地對D說：「別吵，不然就殺了妳。」再以預先準備好的碎紙箱蓋住D的臉部，並銬上其左手以壓制其反抗。接著強取D所有的包包，以及裡面裝的兩萬四千日圓、健保卡、存摺、鑰匙。

然後，住田紘一搔弄D的乳房、陰部，並以蠻力性侵她。同時，看到失去抵抗意志的D，原本決定以出血較少的方式——用身上穿的白襯衫將D勒死。然而，在勒住D並待其斷氣途中，想到可能無法確實殺死D，於是改依原定計畫：使用蝴蝶刀將D刺死。他不顧意識恢復的D苦苦哀求，以蝴蝶刀向她的胸部、腹部連刺十餘刀、頸部兩刀，D當場因失血過多而死亡。

住田紘一於前述犯罪結束後，為湮滅證據而清掃大量流出的血液，至F公司的別館裡竊取了十個拖把換布盤，並花了二十分鐘清掃犯罪現場。隨後，便將D的屍體運上汽車，並在返鄉時帶回大阪老家。

二〇一一年十月初，住田紘一於大阪市的停車場中，用鋸子將D的屍體的頭、腰、雙手、雙腳等鋸斷，並將屍塊分別棄於停車場北側與南側路邊、河川中。

## 爭議所在　性侵、強盜與殺人的刑度

負責審理本案的岡山地方法院認為住田紘一的強盜、性侵、殺人這一連串在密切時間、相同地點犯下的罪行，同時觸犯了日本《刑法》的「強盜強制性交」及「強盜殺人」兩個罪名，須依法從兩個罪中選擇刑度最重的一個進行處罰，而強盜強制性交的最高刑度為無期徒刑、強盜殺人最高刑度為死刑。於是岡山地院便以強盜殺人罪來進行判決。不過，

2017 年，日本也修法將「強姦」統一改為「強制性交」，將原本只有保護女性的規定進行修改，肯定男性也可能成為性侵害的被害人而納入保障，同時修正部分條文，擴大性犯罪的認定範圍。

由於強盜殺人罪也有酌減為無期徒刑的餘地，因此岡山地方法院必須就無期徒刑與死刑中擇一作為本案的刑度。

## 人民法感的判斷（一審判斷）

本案由於是殺人的重大案件，便以裁判員參與審判的方式進行審理，並於二〇一三年被移送到岡山地方法院。經審理後，裁判員與法官共同決議判決死刑。不過，住田紘一與辯護人收到判決後，對於死刑判決表示不服，決定上訴到二審法院，但隨後便撤回，後於二〇一七年執行死刑。

岡山地方法院在調查完證據後，提出理由如下：

### 犯罪動機

就強制性交與殺人的部分，住田紘一為了滿足自身慾望而挾持D並對D強制性交；為了湮滅證據，更將D殺害。為了自保而了斷他人生命。輕視他人性自主權與生命，極為自我中心及任性，難認有減刑的餘地。

## 犯罪前行動

住田紘一於犯罪前便構想好犯罪計畫，並至犯罪地點勘查、事前準備好蝴蝶刀與手銬等物品；此外，更預想到犯罪時現場會有大量血跡，需要清理以湮滅證據。

由此可見，住田紘一對於犯罪整體流程均有細膩設想並有所準備，可謂計畫性甚高犯罪，並且確實遂行。更甚者，除殺害外，甚至連後續的分屍、棄屍均有設想，應強烈譴責之。

## 犯罪手法、犯罪後的行動

住田紘一連續強力毆打D臉部、抓住其頭髮連續撞擊地面、脅迫D後更強制性交，接著欲勒斃D未成，不顧D苦苦哀求，改以刀刃向D的要害連續刺擊。其強烈的殺意乃基於冷酷與殘虐。

在強制性交、強盜、殺人結束後，住田紘一為徹底湮滅證據，便清除血跡並分屍遺棄。其犯罪後的行動難認良好。

## 犯罪結果

住田紘一利用D個性善良，將其帶往犯罪現場後性侵，踐踏其人格尊嚴，此外不顧其苦苦哀求，凶殘地連續刺擊D至死。D家屬因失去所愛之人、遺體難以尋回，均表示對他求以極刑。

本案住田紘一雖僅殺害一名D，但其犯行動機起因於性犯罪，其結果不僅重大，犯情更極為惡質，罪責誠屬重大。

## 減刑判斷

住田紘一的辯護人雖曾表示，他與原本有婚約之對象分手之後陷入自暴自棄的狀態。假使此為真，仍不應成為他對毫無關係的人施以犯行的理由。故不得為減輕事由。

雖因為住田紘一於起訴後的詳盡自白，對於解明案件有所助益。但從住田紘一在審判中，隨著審理、證據調查的進行才轉換成反省態度及表明謝罪，而道歉內容僅止於對於D雙親致歉的一面之詞，難認其是出於真心向不幸逝世的D致歉。住田紘一至今為止，沒有做如寫謝罪信等方式表示歉意，於審判時也完全沒有聽聞他真摯反省之詞。

此外，住田紘一於審判之初，為求死刑而故意裝成任性妄為的模樣作出虛偽陳述，可知他的腦中只有自己，沒有顧慮到這些行為已再度傷害到家屬。

綜上所述，本院認為住田紘一之反省、謝罪之意不甚充分，不能過於看重他些微的反省而酌減。另縱無前科之減輕事由，惟他缺乏真摯的悔悟，有凶殘、冷酷的犯罪計畫並逐一加以執行，十足彰顯住田紘一犯罪的惡劣性格，故難以期待其未來有改過向善的可能。因此，對於住田紘一沒有前科的事由，不能過大評價而予以減輕。

**判決結果**

岡山地方法院綜合上述原因，認為住田紘一雖然僅殺害一人，以永山基準考量並不會判處死刑，但他不僅同時犯下強盜強制性交、強盜殺人的重大罪行，犯罪時更是計畫細膩周延，且造成的傷害及結果十分重大，因此無法酌減刑罰，判處住田紘一死刑。

而後住田紘一雖提起上訴到二審，但隨後便撤回，死刑確定後，於二〇一七年執行死刑。

## 想想看

依照永山基準，日本法院在決定是否要判處死刑時，會考量到一個要素——「犯罪計畫」，也就是引起凶手實施犯罪時，凶手設想到什麼樣的範圍與程度？

本書建議讀者如果在未來看到這類犯罪時，可以從「犯罪計畫」、「一連串密切關聯的犯罪本身的可惡程度」、「手法的凶殘程度」來進行判斷。若以本章日本的案件來舉例，可以從「被告有沒有構想犯罪計畫」、「被告性侵並殺人行為的可惡程度」、「被告壓制與殺害D的凶殘程度」這三個面向進行思考。

對於「性侵並殺人」的案件，你認為是否該判處死刑？若是，判定的基準與理由會是什麼呢？

如果你是國民法官，你會判處本案被告死刑嗎？理由是什麼呢？

或許有讀者想到把強盜、強制性交、殺人各自進行量刑審酌後再加在一起懲罰——但無論是前面所提的判決或是新聞上，可能會看到「強盜殺人」、「強盜放火」等罪名，這是為什麼呢？刑法是怎麼規定的呢？

立法者認為某些類型的犯罪行為十分可惡，必須要加重處罰。所以在刑法上明文規定，將這些犯罪「結合」在一起變成一個新的罪名，並提高刑度的範圍，並且往往提高到比原本各個犯罪分開計算再加總的刑度還要更重，以阻嚇犯罪。而這種犯罪，法律上叫做「結合犯」。

而什麼樣的狀況，才能算是結合犯呢？本書提供以下兩個步驟，讓讀者可以一步一步推敲思考：

1. 依照犯罪的類型查詢法條，例如看到「強盜」的行為時，便可以查詢刑法對於強盜罪的相關規定，確認是否有將這種犯罪歸類為結合犯，例如「強盜放火罪」、「強盜強制性交罪」等等。

若有規定，則進入第二步驟。若沒有規定，則代表各個犯罪行為可能獨立進行考量，最後再將各個刑度加總在一起。

2. 若有規定，依實務見解的看法，接著確認兩個缺一不可

例如，臺灣刑法第 332 條第 2 項：「犯強盜罪而有下列行為之一者，處死刑、無期徒刑或十年以上有期徒刑：一、放火者。二、強制性交者。三、擄人勒贖者。四、使人受重傷者。」表示如果被告犯下強盜罪時，又犯下法條所敘述的四種犯罪的其中一種時，就會被論以結合犯，像是「強盜放火罪」、「強盜強制性交罪」等等。

的必備要素：(1)犯罪的時間及地點要夠密接、鄰近。(2)第二個犯罪行為需既遂。

若符合了前述兩種必備要素，則代表這種犯罪屬於結合犯，將以結合犯所規定的刑度進行量刑。相反地，只要有缺少任一個必備要素，則不能論以結合犯，各個犯罪將可能獨立進行考量，最後再將各個刑度加總在一起。

**＊關鍵詞：犯罪類型（強制性交殺人）、動機（色慾薰心）、手段（持刀砍殺）、結果重大性（一名被害人）、被害感情（希望處以死刑）、犯後態度（自白但缺乏真摯悔悟）、殺人計畫性**

# 第十二章　共犯是否同死

## 案例13　〔二審改判無期〕強盜殺人死刑判決與無期徒刑的界線——長野一家三人強盜殺人事件

依我國刑法第332條規定：「犯強盜罪而故意殺人者，處死刑或無期徒刑。」意即強盜殺人罪在臺灣是重罪，必須面臨無期徒刑或死刑的判決。但究竟應判處死刑或無期徒刑，不論是立法理由、實務或學說，迄今仍未有明確的判斷準則。近年臺灣實務判決中，在第一審判處死刑之案件，又常因被告具有教化可能性，於上訴審中撤銷死刑改判無期徒刑之案件亦時有所聞。本章將嘗試藉由強盜集團並殺人之案件，摸索判處死刑及無期徒刑之界線；讓我們從二〇一〇年三月，在日本長野縣發生之強盜殺人案件，該案件涉案人員判處死刑及無期徒刑的關鍵談起。

## 事實背景　成員涉案程度與面臨刑事責任

二〇一〇年三月二十四日案發當天，在日本長野縣長野市某從事高利貸及建築業之公司發生強盜殺人案件；該公司負責人（當時六十二歲），與其長子夫婦（當時男三十歲、女二十六歲）共三人分別遭到以繩索勒斃殺害，並遭搶走現金共四百一十萬日圓。三人遭殺害後，屍體被搬運至愛知縣並掩埋於某倉庫的斜坡。

本案主要三位犯嫌都是公司員工。首謀甲，長期以來對於工作環境不佳而心生不滿；便與乙計畫殺害公司負責人與其兒子。在商討如何實施殺人計畫及遺棄屍體時，因考量體力等因素，便拜託本案被告丙一同加入強盜殺人計畫；另外，甲及乙還拜託另一位共犯，並以一百萬日圓的代價，協助搬運及處理屍體。

甲及乙在案發前已經事先準備搬運屍體的卡車、汽油桶及作為殺人工具之繩索。案發當晚，兩人將預先準備的安眠藥摻入宵夜中讓公司負責人長子食用，使其沉睡；同時，為避免被害人妻子察覺異狀，兩人當下也決意殺害。但考量人手不足，於是打電話叫被告丙過來。被告丙抵達現場後，隨即共同與甲及乙以繩索勒斃方式，下手殺害長子夫婦二人。之後，甲及乙等二人再前往負責人的房間，以繩索將其勒斃；殺害負責人後，由甲強盜了現場放置的現金。將三名被害人殺害後，甲及乙再請第四名共犯到現場搬運屍體；於是，四人一起將三具屍體放入預先準備的袋子中，並載運至愛知縣的某倉庫；並在倉庫斜坡挖洞，掩埋屍體。

本案強盜取得的現金大約共四百一十六萬日圓；在犯案後，其中一百萬作為搬運屍體的報酬，當場交付給第四名共犯；剩下的贓款再由三人朋分。犯案兩天後，乙又再度前往公司二樓，並在暗格內取走約二百八十一萬日圓；本案被告丙也再分贓取得七十一萬日圓。被告在本案件中，一共分得一百一十五萬日圓，贓款已全數返還被害人家屬。

## 爭議所在　沒有事前參與計畫的共犯是否判死

本案的強盜集團共有四名嫌犯，主要兩名嫌犯分別為首謀甲（二〇一六年四月二十六日死刑確定）、共犯乙（二〇一四年九月二日死刑確定），死刑判決都已定讞；另一名共犯，僅參與搬運屍體，未參與強盜殺人的過程，不在本文討論範圍。本章中的被告丙，是四名共犯當中的其中一人；由於被告並未全程參與強盜殺人的過程，因此是否應一同判處死刑，成為審理時之檢察官與辯護人在法庭攻防的重點。

## 人民法感的判斷（一審判斷）

由於本案屬於計畫性強盜殺人案件，因此在審理過程中，裁判員最重視有三名被害人遭殺害、強盜財物、隱匿屍體等犯罪行為及結果之重大性；其次是殺害態樣之殘忍性。再者，首謀者甲及乙都已分別判處死刑，而本案被告也確實參與了殺人行為；特別是在殺害長子及妻子的犯罪過程中，被告與甲及乙一起動手勒斃被害人。意即，被告本身實施了關鍵的殺人行為，並在共同殺害被害人後，協助搬運屍體。

因此，第一審裁判員認為被告的加入與幫助，對於本件強盜殺人、搬運屍體及分贓款等犯罪行為，具有相當重要性。因此，作出以下判斷：

**計畫性**

被告雖在事前並未實際參與本件強盜殺人計畫的策畫工作，也不知道犯案的預定日期，似乎僅是中途被叫出而參加本案。但經調查結果發現，被告實際上在案發一個月前，已經事先知道計畫內容，甚至當時已同意參與共同強盜殺人計畫。因此，案發當日在被告接到電話後，能立即前往犯罪地點；在抵達現場並了解狀況後，由於被告在工作上也不滿負責人及長子的管教，加上被告本身之前的交往對象，曾因長子反對雙方結婚而強迫中止交往，在憤怒情緒下，也決議參加甲及乙殺人之計畫。因此，從整體案件來看，被告的參與行為並非偶發、突發情形；因而認定本案被告主動參與強盜殺人之計畫。

**強盜財物故意**

被告明知甲及乙有強盜現金之目的，事後也參與分贓；即便被告主張本身並非一開始就有強盜財物之故意，該原因也不構成減輕量刑之事由。

**共犯刑之衡平**

因此，按照永山判決之死刑基準，並考量「共犯間刑之衡平」之原則，在求生不可得情況下，判處被告死刑。

## 職業法官改判無期（二審判斷）

在第二審審理過程中，法官主要考量以下量刑情事，並提出一審作成死刑判決認定有誤，改判無期徒刑。

**結果重大性——與一審認定結果相同**

本件強盜殺人案件，一共奪走三條寶貴的生命，並搶走四百一十六萬日圓的現金，犯罪結果相當嚴重。趁公司負責人及長子在熟睡中加以殺害，及擔心會破壞殺害長子的計畫，而當下決意一同殺害長子之妻子，並將遺體掩埋於土堆中。這造成遺族極大的衝擊與悲傷，並希望對被告處以極刑。本案也對社會造成極大影響與衝擊。與一審相同，皆認為犯罪結果極為嚴重。

## 殺害態樣的決絕及殘忍性——與一審認定結果相同

本件的殺害態樣，是對於毫無防備的被害者，突然以繩索方式勒頸，並以兩人或三人合作的方式，絞殺被害人致死，其行為是相當冷酷且無情。另外，遺棄屍體的態樣，也是對於死者相當不敬的犯罪行為。絞殺本具備殘忍性，為了確實造成被害人死亡，殺害時亦會持續勒緊的固執性本就存在。單純勒頸致死似乎還不到殘忍、固執且必須判處死刑的程度；但如果以本案的殺害態樣來看，確實是相當冷酷且恐怖。

## 本案被告的參與程度及重要性——與一審認定結果不同、改判無期徒刑關鍵

針對「被告於本案強盜殺人案件的參與程度」，及「殺害兩人、強盜及掩埋屍體等犯行中，被告行為之重要性」等進一步論證，並認定第一審判決有誤。主要理由如下：

1.被告參與程度較低：從被告參與本案各犯行的時機點來看，兩位主要犯嫌甲及乙已事先計畫，伺機於長子的宵夜中加入安眠藥後，匆促間決意實施殺人計畫；而被告也是在兩位主要犯嫌開始實施殺人計畫後，才接到電話通知前往現場。並在到場後，被告才與甲及乙完成共謀決意殺人。因此，在職業法官審理上，認為被告參與實施殺人的計畫及行為，應判斷與本案僅有限定相關。

2.被告行為欠缺計畫性：甲及乙在摻入安眠藥並啟動殺人計畫後，才通知被告前來，被告到場後才開始加入後續的犯罪行為。因此，職業法官認為，被告在本案中參與殺人的犯罪行為，尚未具有計畫性。另外，被告在本案中之殺人行為，也是遵循甲及乙指示的行動；在實施殺害行為之際，被告亦未奪取現金。因此，本案不應僅藉由分贓行為，就認定被告是基於想要取得該財物而加入犯行。

**未具備強盜財物之意圖**

原本在犯案當下，被告僅知道甲及乙強盜現金是為了支付第四名共犯搬運遺體之報酬。雖從共犯罪刑衡平之觀點來看，被告確實擔任殺人行為之重要地位，但考量被告是臨時加入犯罪行為，且被告亦沒有參與策定計畫等情形。經第二審審理後，認為被告僅有參與殺人之犯罪行為，並未具備強盜財物之故意，因而撤銷被告在第一審中的死刑判決，改判無期徒刑。日本最高法院亦與第二審的判決看法相同，本案無期徒刑定讞。

**被告非強盜集團主要角色**

本案中，被告是否有參與訂定犯罪計畫，及被告在強盜殺人案件中所實施的殺人、分贓的行為應如何評價，成為本案是否判處被告死刑的關鍵。

從第一審的判決內容來看，本件殺人計畫，是因為甲及乙長期對於工作環境條件不滿、薪水過低等怨恨下，產生要殺害公司負責人父子。甲及乙大約是在二〇一〇年的二月十日左右，開始計畫要殺害公司負責人父子；並在二月下旬左右，開始討論殺害的手法及處理屍體的方法，當時的共識是：(1)使用繩索將公司負責人父子勒斃；(2)殺害後，將屍體掩埋；(3)為了搬運屍體，支付報酬請人協助搬運；(4)報酬的來源，以長子所有的現金及金庫內的現金支付，剩下的錢再分配。甲也在二月中至三月初左右，聯繫第四名共犯，表明要實施強盜殺人的計畫，並以高額的報酬希望協助搬運屍體，當時第四名共犯已同意協助搬運屍體。

本案被告在二〇〇七年時原本在經營居酒屋，隔年二月時向公司負責人借錢，後因居酒屋倒閉，無力償還債務的情形下，到公司上班。一開始被告沒有薪水，後來才慢慢加薪；在公司上班期間，經常受到無理要求及加班，甚至遭到暴力對待。被告原本交往的結婚對象，也因為長子的阻擾而告終，被告因而對公司負責人父子懷有強烈的恨意。

被告在二月二十二日至三月十四日期間，知道甲及乙的計畫，但實際上被告卻沒有參與事前計畫的安排過程，也不知道實際動手的日期。在甲及乙決意在長子的宵夜摻入安眠藥後，並開始實施強盜殺人計畫時，被告才接到電話通知。被告也是到了現場，聽了甲及乙的說明才知道準備動手。並且依照甲及乙的指示，共同殺害長子夫婦二人。

在甲及乙的強盜殺人計畫中，搶來的錢是要作為第四名共犯搬運屍體的支付費用，與一般典型的強盜財物而殺人的案件有異。不過，過程中，甲及乙除了搶走支付搬運屍體費用外，還取走了更多的錢；因此，可認定甲及乙有強盜財物的意圖。而被告只知道搶來的錢是要支付搬運屍體的費用，一開始並沒有強盜財物的意圖。雖然被告事後有分得贓款，但仍難認定被告在殺人當下有取得財物的想法。

由於日本在強盜殺人案件中，法定刑也是無期徒刑與死刑；其立法意旨中指出，如果剝奪最為重要的人命是為了達到利慾的目的，一般來說，具有高度計畫性的犯罪行為，其危險性也隨之升高，可窺見行為人藐視生命的程度。因此於死刑的選擇上，剝奪生命及是否達成利慾的目的，應具有舉足輕重的考量。

考量以上情事，被告在本案強盜殺人案件中，其行為責任評價仍應受到相當程度的限制，因此尚未達到必須科處死刑的程度。

## 想想看

死刑與無期徒刑有本質上差異，雖同為犯罪集團，但仍應考量集團內各成員參與犯罪程度；在日本強盜殺人案件中，被告知情但未參與殺人計畫之策畫工作，亦欠缺強盜財物而殺人之故意，因而改判無期徒刑。因此可看出，強盜殺人的案件類型中，已將「計畫性」視為先決條件，甚至，該計畫性必須是利用殺人達成取得財物之目的，方為量處死刑之重要因素。

＊關鍵詞：犯罪類型（強盜殺人）、動機（挾怨報復、利慾薰心）、手段（勒死）、結果重大性（三名被害人）、被害感情（處罰感情強烈）、社會衝擊、殺人計畫性（共犯參與程度與刑之衡平）、裁判員判死二審改判

# 第十三章 挑戰人性極限的殺人犯

## 案例14 虐殺與死刑的認定——橫濱截肢殺人事件

在許多凶殺案中，往往會著重敘述「殺人的手段」以呈現凶手的殘酷。對於法官來說，「殺人的手段」是在探討犯罪手法的課題，並且與量刑輕重有著強烈的連結。凶手是以泯滅天良的方式讓被害人在痛苦不堪中死去，或是迅速地結束被害人的性命，會影響法官是否將以最重的極刑——死刑，讓凶手永遠與社會隔離。

而究竟什麼算是殘酷、泯滅天良？殺人可能有一連串的行為（事前計畫、事後棄屍等），哪些屬於要進行判斷的重要行為呢？對於坐上審判臺的法官而言，是必須思考的問題。

接下來，將以日本裁判員制度施行後判處的第一件死刑案件——「橫濱截肢分屍案」——為例，思考關於「殺人手段是否殘酷」的問題。

## 事實背景　凌虐被害人且冷酷的殺人手段

### 周全的勒贖殺人計畫

二〇〇九年六月，身為毒品走私集團幹部的池田容之接受集團首腦A的委託，對外公告以重金懸賞能夠搶劫與A有金錢糾紛的B，並殺死B的保鑣C的人。但後來池田容之為謀取A的認同以提升在集團中的地位，於是自願擔任殺手，接著便與其他同夥規劃犯罪計畫。

池田容之、A及其同夥先預約了位在千葉縣的某間旅館的相鄰四間房間，以防做案時被聽見。此外，池田容之也到橫濱縣、山梨縣勘查較荒涼的地方以便棄屍，而後更購買了高速切斷機、垃圾袋、連身工作服、行李箱等做案工具。

## 慘無人性的施暴過程

池田容之、A及其同夥在作好準備後，分別於六月十八日的晚上九點、十九日清晨五點誘騙B及C至旅館房間中，將他們囚禁於房間內五花大綁後，不斷地毆打他們。

此外，在監禁過程中，池田容之分別於十八日晚上九點、凌晨十二點至三點，扒光B的衣服並連續痛打他的臉，威脅他交出贖金，不然隔天就殺了他。B出於恐懼，因此打電話給他的婚約對象K、屬下L到池田容之指定的位置交付一千多萬日圓的贖金。

另一方面，於十九日晚上七點，池田容之將遍體鱗傷的C拖至浴室的浴缸內，C自知難逃一死，哀求池田容之讓他與家人以電話道別，池田容之無視C的請求，拿水果刀刺向C的右手臂、大腿、手腕，隨後在C的頸部再補上兩刀，C當場血流如注，不久失血死亡。

在殺死C三十分鐘後，旅館櫃檯打電話告知退房時間已經靠近，池田容之便向A提議順便也把B殺死，A表示同意。

由於時間所剩無幾，池田容之一心想趕快了事，於是將高速切斷機置於浴室，命令被其他同夥拖到浴室的B自己將頭放在高速切斷機的座臺上，B感到萬分恐懼，苦苦哀求池田容之讓他與家人通最後一通電話，再以痛快的方式了斷他的性命。池田容之對於B的請求充耳不聞，硬是把B的腦袋按在機器座臺上，以鋒利的高速旋轉刀刃將B的腦袋鋸下來。

同日晚上八點左右，池田容之以剛剛行凶的水果刀、高速切斷機將B、C分屍成十餘塊，並且將屍塊套入先前買好的垃圾袋中，再塞入行李箱內，與其他同夥一起搬運到池田容之的汽車上。

二十日凌晨兩點，池田容之與同夥驅車前往橫濱市的海岸邊，將屍塊的軀體部分拋到了海中；隨後，再到山梨縣的某處山林裡，將屍塊的其他部分埋入土裡，便迅速逃離現場。

## 最終的落網

時間來到了二〇一〇年，日本某機場的電視上，跑出了這兩則新聞：

最近，在橫濱市的海岸邊發現了屍塊，警方推斷有兩個人受害，目前正在積極調查中……

新聞快報，在山梨縣的山林中再度發現了屍塊，警方已經鎖定嫌犯追緝中……

這起殺人分屍案已經持續報導數週了，至今仍真相未明。看到新聞的民眾雖然並沒有感到極度恐慌，但仍是有些許的擔憂。

突然，海關航警壓制住一名年輕男子，「你私帶毒品，請跟我們走一趟！」男子雖然出言侮辱，甚至毆打警察，但仍是被押入警車內。

隨後不久，循著這名年輕男子的自白抓獲了毒品走私集團。但除此之外，當檢察官在訊問年輕男子時，他說：「那個電視上報導的殺人分屍案，是我做的。反正身為主謀的我也逃不掉了，我會負起責任。」

這起殺人分屍案，在檢察官起訴後，便展開了審判。

## 爭議所在　凶殘的犯罪手段與死刑判斷

池田容之為了錢財而痛下殺手，依照日本法院的判例來看，這種「謀財害命」的犯罪通常會判處被告死刑，但法院仍是會綜合考量被告有沒有反悔、賠償家屬等等可以減刑的因素。但是，池田容之的殺人手段相較於其他殺人的犯罪，實在是太過殘忍，因此讓法院傾向判處死刑。

## 人民法感的判斷（一審判斷）

於二〇一〇年時，本案由於是殺人的重大案件，便以裁判員參與審判的方式，在橫濱地方法院進行審理。橫濱地方法院經過調查發現池田容之為毒品走私集團的幹部，負責管理日本國內毒品的運輸動向。此外，更與集團成員共同擔任「搬運工」的角色，兩次從海外走私七公斤的毒品到日本國內。

而毒品走私集團首腦A，原本與B同在賣淫集團擔任仲介，而後A改以走私毒品為其本業，此外亦經營麻將賭場；另一方面，B成為賣淫集團的首腦，並僱傭暴力集團成員的C為其保鑣。

A因過往與C有房屋租金糾紛，C便聯合B到A所經營的麻將賭場鬧事，欲搶奪賭場的經營權；B更揚言要向警察通報A走私毒品的行為，A因此對B、C產生了殺意。

二〇一〇年六月初，池田容之從A處聽聞上述的恩怨情仇及協助尋找殺手的委託後，便以事成之後A給予他部分集團的指揮權、毒品的販賣權為條件擔任殺手。

池田容之接受委託後，便積極尋找共犯並計畫殺人的詳細內容，隨後迅速地執行殺人行動。而在執行的途中，由於A原先並未唆使殺死B，但池田容之得知B的父親為大企業幹部，若留活口恐怕會遭到通緝或報復，因此在徵詢A的同意後殺死B以滅口。

最後，為防止殺人行為遭到發覺，因此將被害人分屍後，棄於偏僻的海岸與樹林中。

而横濱地方法院在調查完證據後，作成以下判斷：

## 犯罪動機（促成犯人犯罪行為的原因）

就殺人的部分，池田容之並非出於私人恩怨，而是為取得走私集團中更高的權力而殺人，而他為博取A的認可，更主動擔任殺人之主謀。此外，池田容之不顧A原先並沒有委託其殺害B，卻以滅口、展現實力為目的，將B殺死。其後，他出於防止殺人行為被發現而分屍，並且棄屍滅跡。

由此可見，池田容之的動機是為貪欲所驅使，只為一己之利且惡劣。

## 犯罪前行動

池田容之除事前拉攏其他共犯詳細規劃殺人計畫外，更先購買好分屍用的高速切斷機、搬運屍體用的行李箱等做案工具，並勘查棄屍場地。

由前述行為可知，他對於殺人之方法、毀屍滅跡均有周全的計畫。

## 犯罪手法、犯罪後行動

先看池田容之對於B的殺害手法，他除囚禁、綑綁B長達二十二小時外，更扒光其衣服、凌辱毆打且恫嚇其繳交鉅額贖金。其後，更出於時間倉促，強硬拒絕B

的苦苦哀求，活生生地用高速切斷機將B的腦袋鋸下，導致B失血而亡。B的頸部遭到切割的瞬間，其感受到精神、肉體的苦痛難以想像。

再看被告對於C的殺害手法，他除了囚禁、綑綁C長達十四小時外，更不顧C的哀求，以水果刀連續刺擊毫無抵抗能力的C，使其在痛苦、意識逐漸迷濛的狀態下，眼睜睜地看著自己失血至死，其肉體之苦痛與恐懼難以計量。

綜合上述行為，他的行為甚為恣意妄為且殘虐、冷酷至極。

池田容之在結束殺人行為後，迅速使用高速切斷機與水果刀將屍體切成十餘塊，塞入垃圾袋及行李箱中搬運並棄屍，其行為非但沒有弔唁死者之意思，而且為了隱匿犯罪而粗暴地毀損屍體，誠屬殘忍無道且惡質的行為。

## 犯罪之結果

池田容之殺害了即將邁入美好婚姻生活且年僅二十八歲的B、身為家中支柱且時年三十六歲的C，斷絕了他們在未來實踐夢想與享受和樂家庭生活的機會。

此外，由於池田容之將其遺體分屍並棄屍，除因失蹤而致家屬擔憂不已，更因分屍而難以見到他們最後一面；而家屬到庭作證及陳述意見時，均請求對他處以極刑，可見家屬之深沉痛苦。

此外，本案的殘虐行為遭大眾媒體所廣泛報導，也造成社會極大的不安。

綜上所述，池田容之剝奪了兩條具尊嚴的年輕生命，並導致家屬及社會的痛苦與不安，屬於結果重大的犯罪。

**減刑判斷**

池田容之在因走私毒品而被逮捕當日，就向檢察官供述本案犯罪，雖符合自首的條件，但他自首時，警察並非不知情，並對於他做案的事實有十足的掌握。另外，池田容之是出於「反正我也逃不掉」的動機，且自首時也沒有表達後悔的態度、隱瞞殺人的無奈難受之情，而非真摯地悔悟，未被納入減刑考量。

池田容之在審判中聆聽了被害人家屬的證言及痛苦後深感後悔，甚至與辯護人接見時嚎啕大哭，並且不斷向家屬謝罪。但是他明明有犯罪所得八百萬日圓，卻從未想到要拿來補償被害人家屬，仍可見他的自私及慘無人道。

## 判決結果

橫濱地方法院綜合上述原因，認為池田容之的犯罪動機自私自利、犯罪的手法及犯罪後的行動非常殘酷無情，認為無法酌減刑罰，判處池田容之死刑。

而後池田容之雖提起上訴到二審，但隨後便撤回，於二〇一一年死刑定讞，而他至本書截稿前仍在東京拘留所等待死刑執行。

## 想想看

在日本或是臺灣的殺人案件中，對於是否要判處死刑，均會考量一個條件——殺人行為的殘酷程度。

但究竟什麼是殘酷的、不人道的行為呢？

本書認為，若只憑著多數人覺得「這個一看就是太殘忍了」、「這個凶手好冷血！應該去死」等想法出發，會因為每個人對於行為的主觀感受不同而導致判準不一，甚至可能會轉變為不理性的民粹暴力。然而，法律要盡可能地明確，對於類似的事情，不能有過多差異的判定。

我們或許可以聚焦在凶手殺害被害人的行為來看，是以痛快、較輕痛苦的方式了結被害人性命，或是以漫長、凌虐，或是不人道的方式，並綜合考量被害人在死前的痛苦及恐懼程度。

而具體的判別的方式，應就法醫的鑑定報告中，從傷口深淺、數量、致命性與否，去推斷屬於哪類的死亡方式。接著，建立在這些證據上，參酌檢辯雙方提供的證據與主張，才能推論被害人的痛苦及恐懼程度，從而判斷殘酷與否。

對於殺人手段的「殘酷與否」，什麼樣的手法是殘酷的？而認定的範圍是什麼呢？若有，請問判定的標準是什麼呢？

接著回頭想一下這兩個案件，如果你是國民法官，你會選擇判處池田容之死刑嗎？理由是什麼呢？

**＊關鍵詞：犯罪類型（殺人）、動機（金錢糾紛）、手段（持刀砍殺及高速切割機）、結果重大性（兩名被害人）、犯後態度（自首、謝罪）、殺人計畫性**

## 案例15　殺一人判死的條件——三島女子短大生燒殺事件

從我國刑法廢除唯一死刑制度來看，或可得知我國刑法對於殺人行為未必判處死刑。然而，在保有死刑制度的情況下，究竟符合什麼條件可以判處死刑，不僅是被害人在意，全體國民都很在意。在日本，殺害被害人的人數是判處死刑的關鍵條件，但並非只殺一人就不能判處死刑。本段藉由三島女子短大生被潑灑燈油並活生生遭燒殺的案例，說明行為人在殺害一個被害人的情況下，仍被判處死刑的真實案例。

### 事實背景　隨機擄人強制性交殘虐殺人

二〇〇二年一月某日深夜十一點至翌日凌晨兩點，在日本靜岡縣三島市發生一件押人、強制性交及殺人案件。被害人當時十九歲，是一名大學生，正從打工的地點下班騎自行車返回住所。時年二十九歲的被告，結束與公司同事聚餐後，在深夜十一點左右駕駛汽車行駛在道路上時，發現被害人獨自一人騎乘自行車，於是將車輛停放在被害人自行車前，攔停被害人，欲對被害人強制性交。隨即被告控制被害人行動、強押上車，並將車輛開往山間道路；大約十一點四十分左右將車輛停放路邊，在車內對被害人性侵得逞。事發後，被告擔心被害人會報案，於是打算殺害被害人。再加上當下，被告想要施用安非他命，希望能盡快前往友人處所施用安非他命。於是，在凌晨兩點，被告將被害人帶往沒有人煙的山間，將被害人雙手用膠帶綑綁在身後，並叫被害人坐在地上，隨後利用放置在車上的燈油，澆淋在被害人頭上，利用打火機點燃被害人的頭髮；確認火勢蔓延被害人全身後，駕車逃逸。當下被害人痛苦掙扎，隨後倒臥在數公尺外的水泥磚中，氣絕身亡。

## 爭議所在　被告是否符合判死條件

本案的被告是在案發後半年才被逮捕，遭逮捕的原因是施用安非他命且無照駕駛發生車禍，造成人員受傷的情形下，肇事逃逸；該案判處有期徒刑一年六個月，服刑期間因涉嫌本案遭到逮捕，一開始被告否認犯行，隨後即自白犯案過程。被告坦承犯案過程並後悔犯案，並稱當時原本沒有強制性交犯意，也沒有殺人的計畫。

## 一審判斷

被告對於犯案的過程大致坦承，但被告稱原本並沒有殺害被害人的故意，之所以將燈油澆淋在被害人身上，是打算威脅被害人不要報案；甚至在拿出打火機當下，仍在猶豫是否要點火；但因害怕被害人事後會報警，因此才會決意殺害被害人。在量刑判斷上，考量(1)被告反省態度、(2)案發當下無法認定何時具有強制性交故意、(3)殺人行為欠缺周全計畫、(4)被告並無殺人的前科等因素、(5)審酌被告尚有更生的可能性，因此第一審判處無期徒刑。隨即檢察官及被告雙方都提起上訴。

## 二審判斷

有關二審對於被告殺人行為之評價，認定如下：

原本被告在強制性交後，要把被害人載回原處，但在回到三島市附近找尋適當場所時，接到朋友的電話（該朋友是施打安非他命的友人），要被告拿注射器過去；因此，當下被告萌生前往友人處所、施打安非他命的念頭。另一方面，被告在焦急地尋找釋放被害人下車地點的同時，又擔心將被害人放走後，被害人可能會報案，因而萌生殺意。被告為了避免殺人犯行被發覺，於是打算將被害人殺害後埋到山裡面或是沉入河川或大海，於是持續將被害人關在車內，找尋適當殺害及棄屍場所。在被告返家拿取安非他命注射器時，看見玄關放置的燈油桶，便萌生使用燈油燒殺被害人的念頭。於是，被告將燈油桶放進車內，將車輛開到沒有人煙的地點，大約在凌晨兩點到達犯案現場。抵達現場時，為了避免被害人逃跑及呼叫，先將被害人雙手以膠帶纏綁於身後，並用膠帶封住被害人嘴巴；隨後，才將被害人帶下車。當下，被告叫被害人坐在地上，並將燈油澆淋在被害人全身，並威脅被害人要點火等。即便被害人無法動彈也無法呼救，但由於被告擔心被害人事後會報警，另一方面也希望能趕快處理被害人，趕往吸食安非他命，於是當下決意殺害被害人。被告以打火機點燃被害人後方頭髮，確認火勢蔓延被害人全身後，駕車逃離現場。被告全然不顧及被害人生命，並以極為殘虐的方式殺害被害人，非常的冷酷、無情。

被告的殺人行為雖沒有計畫性，但考量(1)被告在道路上隨機強拉無辜騎乘自行車之被害人，並在車上實施強制性交；(2)燒殺被害人之行為；(3)犯案動機不可理喻；(4)殺害手法相當殘忍，且(5)造成嚴重犯罪結果等，因此(6)認定被告犯罪性向根深蒂固、(7)欠缺更生可能性。另考量(8)被害人遺族處罰感情強烈，(9)案件對於地域社會影響極大，認定被告罪責重大。即便被告沒有殺人前科，事後被告坦承認罪並向遺族致歉，甚至委託其兄長至殺人現場上香等，第二審仍作出不得不判處被告死刑的判決。

## 三審定讞

辯護人上訴至最高法院時，稱本案僅殺害一名被害人，二審量處死刑已違反永山基準等。然而，最高法院作出以下判斷：並非殺害二人以上的被害人即一定會判處死刑；同樣地，也並非僅殺害一人就無法判處死刑。回顧相關判決情形，在殺害一人即判處死刑的案件中，被告大多是有殺人前科或是在假釋期間，再度犯下殺人犯行。或是具備周延的計畫，且以金錢為目的而犯下殺人行為。甚至曾有死刑定讞的案件中，被告雖未以金錢為目的，但是殺人行為具有非常周延的計畫性，且犯行態樣冷酷及殘虐的案件，仍判處死刑。

本案當中，被告殺人的行為並非以金錢為目的，亦無事前的周延計畫；同時，本案被告也未具備殺人之前科。最高法院審酌本案發生過程，是被告隨機強拉無辜的路人，並在對被害人強制性交得逞後，為盡早施用安非他命之念頭，及避免強制性交犯罪行為遭被害人舉報；先以膠帶控制被害人行動，並以燈油澆淋被害人、點燃被害人頭髮將其活活燒死。被告利用相當殘虐的手法殺害被害人，造成被害人死亡之重大結果。本案當中，被害遺族的處罰感情強烈，案發後對社會及當地亦造成重大影響。加上被告服刑假釋後，不到九個月就犯下本件犯行，顯見被告有強烈的犯罪性，並缺乏更生的可能性，因此維持二審死刑之判決。

## 想想看

我國現行刑事訴訟程序針對死刑判決案件，當案件上訴至最高法院時，會進行生死辯論，希望透過辯論方式討論量刑標準，期能作出合理之判決。目前最高法院，對於死刑量刑，認為應該依照刑法第57條所規範之十項量刑要件，逐一進行量刑調查；同時，須依據行為人的罪責程度以決定刑罰的輕重，就所有對犯罪行為人有利與不利的情狀加以衡量，要詳細考量被告的犯罪動機、目的，犯罪時所受刺激，犯罪手段，及犯罪後態度等。

然而，過去判生／判死的標準仍未統一，但在實施國民法官制度後，死刑判斷的基準應更加的穩定，否則將流於形式上的審查，或是國民法官判死、職業法官改判的情形不斷上演。

另一方面，臺灣刑法對於犯下強制性交，並故意殺害被害人者，處死刑或無期徒刑；如果把本案放在臺灣來看，行為人必須面臨無期徒刑及死刑，其判斷理由，是因為被告犯下強制性交並故意殺害被害人。不過，死刑或無期徒刑的量刑並沒有具體標準。

日本《刑法》則是將強制性交及故意殺人行為分開討論；本案是考量被告殺人行為的殘虐性，因此判處被告死刑。或許日後臺灣對於強制性交並故意殺害被害人的案件，可以依殺人行為殘虐性作為認定死刑的標準。

＊關鍵詞：犯罪類型（強制性交殺人）、動機（色慾薰心）、
手段（當場燒死、具高度殘虐性）、結果重大性（一名被害人）、
被害感情（處罰感情強烈）、前科（無殺人前科，但假釋中）、
犯後態度（認罪、謝罪）、
殺人計畫性（事前無殺人計畫，強制性交後臨時起意）、
二審改判死刑

# 第四部分

# 責任能力

# 第十四章　行為責任的判斷方式

## 案例16　〔二審改判無期〕身心狀況的事實認定——大阪心齋橋無差別殺人事件

二〇一二年六月十日盛夏的午後一點，人來人往的大阪心齋橋商店街傳出的尖叫聲劃破天空：「快救人啊！」、「快跑啊！」眾人驚見一位三十幾歲的男子跨坐在倒地血流不止的男性身上，拿著菜刀一直往他胸口猛刺。隨後，男子站起來揮舞著菜刀找尋下個目標，一位騎著腳踏車經過、年約六十歲的女性，不幸也成為刀下亡魂。男子再度調頭回到第一個案發現場，繼續刺殺已死亡的男性被害人，其後警察趕到，男子沒有掙扎反抗隨即遭到逮捕。

根據報導，男性死者是南野信吾，有三個小孩，當時四十二歲，經營中華料理店，事發隔天正準備參加旅行團出遊，夢想是有一天能跟音樂的知音一起開演奏會。女性死者是佐佐木トシ，當時六十六歲，經營餐飲店，事發當天早上才剛跟朋友約好一起吃晚餐，卻也是最後一次的告別。這起光天化日下，在熱鬧大街上的無差別殺人案件，除了殘忍地終結兩條人命及來不及完成的夢想，也震驚全日本。

## 事實背景　是怎樣的人會犯下如此凶殘的殺人案？

或許你可能會好奇，究竟是怎樣凶殘的人，會犯下如此駭人聽聞的無差別殺人案件？當年三十六歲的被告礒飛京三，其實在人生過程中經歷一段故事。就讀國一時，雖然熱心於社團活動，但自國二開始因為誤交損友，開始抽菸、竊取摩托車，國三開始吸食強力膠；進入高中後，除了加入暴走族的不良團體，也持續吸食強力膠、施用大麻，更被保護管束過。被告從十九歲起，每天吸食毒品，雖然曾經戒過毒，仍不敵誘惑，二十五歲左右又再度吸食毒品。當時，因為吸食毒品的頻率增加，導致被告產生妄想，二十八、二十九歲左右開始產生幻聽，常會在半夜聽到誦經或小孩的哭聲。在三十歲那年，再次因為吸食毒品而被判一年十個月，進入監獄服刑，而在本案案發前的二〇一二年五月二十四日，剛從新潟監獄服滿刑期出獄。

出獄後，原想找份工作但被前雇主拒絕，去保護觀察所尋求協助，但因為人數太多遭到拒絕，其後雖有向藥物濫用機構尋求協助，並短暫住在該機構內，但因故於同年六月八日離開機構。此時他也不被允許攜帶精神用藥，自此就沒有服用精神用藥。同日，被告打電話給親戚尋求協助遭拒，打給大哥、二哥，也被大哥吼：「快滾回你的機構去！」事發前一天，因為入獄中認識的朋友的介紹，獨自前往大阪，原來那份差事還是毒品買賣。事發當天中午，被告領錢後，前往心齋橋大丸百貨七樓購買菜刀，走

日本的保護觀察所，主要任務是為了使剛從監獄出來的受刑人，或經收容的少年被釋放後有容身之處，使其將來能融入、復歸社會，予以就業輔導、安置、保護等更生措施。

出大丸百貨後，便犯下這起慘案。

## 爭議所在　犯罪當下的身心狀況

可能你會好奇，那被告犯罪當時的身心狀況又是如何呢？根據二審判決書記載，被告之所以購買菜刀，是因為腦中出現了幻聽叫他買刀，而被親戚、兄長屢次拒絕援助的他，本來想要從大樓跳下自殺，但因為太可怕而作罷。事發當時，腦中一直出現聲音叫他刺殺眼前的男子，犯行後，腦中更不時出現「啊！做了！幹掉人了」的幻聽。被告被警察逮捕後，被詢問犯罪理由時說：「本來想要自殺，但無法自殺」、「被人背叛，活下去也沒有意義，想自殺但死不了。」之後，在警察做筆錄時更說：「想自殺但死不了，因為殺人會被判死刑，所以才殺人。」

## 人民法感的判斷

這個案件被起訴到地方法院後，律師主張無法否定被告具有心神耗弱的狀態，不過第一審法院不採取這個看法。法院說，關於責任能力，也就是選擇是否遵守法律的能力，如果犯罪行為當時的毒品在施用後中毒並產生後遺症，所導致的精神障礙問題，對日常生活沒有產生障礙的話，且實際上也能作出適當的應對進退，犯罪行為時會被認定具有違法性認識的判斷能力，也就是知道做的事情是違法的能力。因此，第一審法院採用其中一個鑑定意見，認為被告的幻聽是自己決定要做出犯罪行為的一個推力，沒有支配被告的想法，也沒有對其思考產生影響，判決被告死刑。

其實，有無責任能力是能不能判決死刑滿重要的關鍵，如果一個人對自己所作所為都不知道，而且經過鑑定結果，確認行為人不能理解刑罰的意義的話，就不能對他進行刑罰。一審法院認為，既然被告是自己決定要殺人的，幻聽不影響行為人作出殺人行為的決定，他就必須為自己的殺人行為負責，因此判處死刑。

## 但職業法官不這麼認為

本案上訴到二審法院，辯護人主張一審法院沒有採納其中一方的鑑定意見，作出有完全責任能力的判決，這個判決的事實有誤認，是違法的判決。二審法院肯認一審法院採納的精神鑑定意見，認為：關於原判決對於犯罪行為的量刑，認為本案中犯行計畫性低，並非是量刑上特別應該被重視的點，另外，對幻聽造成被告的影響無法作出有利評價，二者有不合理之處，因此不認同一審法院的見解；關於動機原因，基本上如同原判決所說，被告自私地以自我為中心，也不能說是沒有審酌的必要。接著，否定被告犯行計畫性低加上對精神障礙的影響，加上殺死被害者兩名，且考慮沒有產生其他被害情況下，於本案判處被告死刑並不合理，應對被告科以無期徒刑，因此二審法院撤銷第一審法院判決，改判無期徒刑。

## 最高法院肯定職業法官的判斷

最後，全案經上訴最高法院，最高法院認為，縱使是無差別殺人案件，除了案件情況、被害結果，特別是死傷人數不同；動機、經過、計畫性有無，以及程度、犯行過程和手法、犯罪行為的意念強度等也有不同。綜合上述，認定生命侵害的危險性程度或輕視生命的程度也不同，譴責責任程度也會根據個別案件不同而有所不同。因此，本件看起來是衝動性犯罪，無法認定無差別殺人的犯意堅強，被告對生命輕視的程度也難以判定，因此支持二審判決，全案確定。

## 想想看

二〇一六年蔡英文總統就職演說中，就提出了：「從治安、教育、心理健康、社會工作等各個面向強化社會安全網，讓臺灣未來的世代，生活在一個安全、沒有暴力威脅的環境中。」其實，犯罪的發生不僅只是法律層面的問題，一個犯罪行為人之所以犯罪，背後也參雜著許多複雜的因素，例如家庭、工作、感情等議題。

在日本的案件中，被告礒飛京三在案發前，也經歷過一段人生的挫敗期：在出獄後，面臨找不到工作，向國家機關尋求協助又遭到拒絕；轉向家人求助時，又被家人冷漠對待。在患有精神疾病的同時，又面臨想要好好振作，人生卻受到無情拒絕的打擊，難免對於病情有或多或少的影響。遇到重大社會案件，為預防再有悲劇發生，我們必須凝視個案的生命成長歷程，找出社會安全網的破洞，把破洞補起來，避免未來有人再次掉落。

＊關鍵詞：犯罪類型（無差別殺人）、動機（自我中心）、手段（持刀砍殺）、結果重大性（兩名被害人）、責任能力、裁判員判死二審改判

## 案例17 〔二審改判無期〕複數鑑定與責任能力的判斷——洲本五人刺殺事件

### 事實背景

二〇一五年三月九日早晨，在日本淡路島中部半山腰洲本市內，有個與世隔絕的聚落，發生慘絕人寰的慘案。凌晨四點左右，被告侵入被害人A的住宅，殺害A妻（時年七十九歲）、A（時年八十二歲），分別以瑞士刀（長約十八點六公分）朝左前胸多次猛刺，造成A妻心臟及大動脈創傷致失血死亡；A則因多發性胸部大動脈創傷而失血。

上午七點十分左右，被告於B宅殺害B母（時年八十四歲）、B妻（時年五十九歲）及B（時年六十二歲），對其分別懷抱殺意，以上開瑞士刀朝左背部、胸部、左側胸部等多次突刺，造成B母右肺臟刺創及左內胸動脈切斷致失血；B妻心臟及胸大動脈貫穿刺傷致失血；B右肺臟刺創及左內胸動脈切斷致失血。

這個案件的被告，因為長期大量使用精神科用藥，導致罹患藥劑性精神病。依照他的說法，因為A、B兩家人是使用電磁波兵器、精神工學兵器「精神工學戰爭」的工作員，使用精神工學兵器攻擊自己以及家人，基於對被害者一家人的報復，也想要藉由司法程序揭露國家隱蔽精神工學戰爭為目的，將被害人五人殺死。

## 一審法院怎麼說（人民法感）

在這個案件中，不論一審判決或二審判決，大家在爭執的重點是，被告到底有沒有辨識他的行為合法與否的「完全責任能力」。對於責任能力的判斷，實務上法官會委託精神科醫師進行精神鑑定，作出精神鑑定報告，提供給法官作為判斷被告是否有責任能力的參考。簡單來說就是「精神鑑定報告」的合理性以及「責任能力」的判斷。

首先，從一審法院的鑑定意見看起。關於被告犯罪行為前的狀況等，一審鑑定意見說：被告在兵庫縣洲本市出生，從小患有「注意力不足過動症」（ＡＤＨＤ），而經精神科診斷，接受約五年的「利他能」治療。利他能是一種中樞神經興奮劑，可以用來減少過動及衝動的症狀，也可以改善學習注意力，增強自我控制、降低衝動，主要是用來治療「注意力不足過動症」的病患。

平成十八年（二〇〇六年）間，由於祖父自殺，使得被告開始產生精神工學戰爭的幻想，幻想被害者鄰居是參與精神工學戰爭的作業員。也是從這時候開始，被告經常對醫師暴力相向，要求醫師開立利他能，同時也開始對家人動粗，因而被以利他能攝取過多為由，強制住院治療，但之後也因為誹謗罪等遭逮捕，再次送往明石市的醫院進行入院治療。治療結束後，被告也持續至同家醫院回診。平成二十六年（二〇一四年）間，與入院中認識的女性開始穩定交往，也有想要結婚跟找工作的念頭，不過，當被告從明石市的醫院轉院到其他醫院時，實際上就沒有再持續接受治療。同年九月，由於女朋友因毒品案件被捕，兩人分開，被告因經濟問題不得已再回老家居住，期間開始於網路上刊登有關精神工學戰爭的相關詢問文，如「因復仇殺害殺血親的仇人，會被判幾年有期徒刑？」之類的問題。

此外，一審法院的鑑定意見也認為，本件犯行時，被告是因為長期使用精神刺激藥利他能，導致藥劑性精神病，而產生精神工學戰爭的幻想。不過，負責鑑定的醫師認為，縱使有其他阻止精神工學戰爭的手段，被告仍選擇殺人的動機在於，想藉由告發精神工學戰爭，證明自己是與精神工學戰爭對抗的偉人。被告也在法庭上說，如果歷史上的偉人還活著，大概也會跟自己做相同的事。

因此，法院認為被告是將自己比擬為歷史偉人，基於強烈的正義感對抗精神工學戰爭，將被害人殺掉也是正義的表現。再加上被告曾經受到被害人家人的毆打，且被害人家族也是信仰著被告討厭的宗教，如果考量到被告對於被害人一家的厭惡情感而做出殺人行為的話，那是基於錯誤的正義感，並非受到疾病的強烈影響，而可以認為被告是具有正常的心理狀態，具有完全的責任能力。因此，第一審法院認為藥劑性精神病對於殺人行為幾乎沒有影響，被告知道他的所作所為是殺人行為，被一審法院認定其具有完全的責任能力，能夠辨識殺人是違法的行為，且被告的刑事責任極為重大，只能以他的生命來償還，而不得不判處死刑。

## 二審法院怎麼說（職業法官意見）

對於經裁判員裁判的一審法院死刑判決，二審法院除了另外委託精神科醫師進行第二審的精神鑑定，且作成精神鑑定報告外，也認為一審法院委託的鑑定人所作的鑑定報告的信用較低，而不能採信。另外，二審法院也認為，基於鑑定報告，被告是罹患妄想型精神疾病，而非藥劑性的精神疾患，已經影響被告的責任能力判斷，使得他對於是不是違法行為的判斷顯著降低，不應判處死刑。

## 對於鑑定報告的判斷

首先，二審法院認為，一審跟二審的鑑定報告，對於被告犯罪行為的狀況有一致判斷的部分如下：被告生來患有自閉症（ASD），不善與人交流，對於關心事項有極度的執著，也有經常、反覆地使用特定物的傾向（也可能是造成濫用利他能的原因）。此外，被告對利他能有強烈執著，常在預約日之前即要求醫師開立利他能處方，且不理會醫師減量的建議，常威脅醫師說：若沒有利他能我也無法保證會出什麼狀況。由於被告長時間使用利他能，對其有強烈的欲望，而被診斷出利他能使用障礙（依存症）。其後，被告的被害妄想的發作契機是因為其祖父的自殺，對於鄰居A及B家因其為精神工學兵器而攻擊自己的工作員，抱持著厭惡感，由於被害妄想所生「播放聲音」、「監聽思想」、「經常尾隨」等病體驗所導致痛苦反覆伴隨被告。

第二，一審跟二審法院的鑑定報告，有歧異的地方在被告所罹患疾病的判斷。也就是說，二審法院的鑑定意見認定，被告殺人時患有「妄想性障礙」，傳統醫學稱為「偏執症」，長年下來有被害關係妄想、妄想知覺、被影響妄想、解釋妄想、妄想追想等狀態；不過一審鑑定意見則認為，本件犯行時，被告是因為長期使用精神刺激藥利他能，導致藥劑性精神病。但二審法院基於前述的理由認為，被告所罹患的是妄想性精神疾病，而非藥劑性精神病。

另外，一審鑑定意見診斷被告患有藥劑性精神病，但本件被告行為是在藥劑亂用中止後相當時間，是否真的是藥劑性精神病，仍有討論空間。其次，一審的鑑定報告，對於犯行時幻想非常活躍，是因生活狀況變化過大所導致，不是症狀惡化，二審判決難以接受此說法，進而認為是一審鑑定意見對於犯行時被告精神病的狀態，未有正確的認知。最後，就疾病程度而言，一審鑑定之藥劑性精神病，比起二審鑑定妄想性障礙為更嚴重之症，除去精神障礙對於責任能力有不同程度的影響因素，就結論而言，原審鑑定意見一方面稱藥劑性精神病，一方面稱該病對犯行的影響比妄想性精神病小，有說明不統一的疑慮。因此，二審法院認為二審鑑定意見的可信性較高，被告患有精神障礙，即妄想性障礙，在殺人時症狀十分惡化，具有強烈的幻想。

## 對於責任能力的判斷

二審法院認為，因為本件爭執重點在「責任能力」的有無，經裁判員裁判的一審判決，是以一審鑑定報告作為判斷基礎，進而做成有責任能力的認定結論。二審法院認為因為一審鑑定報告的認定事項錯誤，不得以原審鑑定報告作為判決被告的依據。因此，縱使二審職業法官的判斷結論，與一審裁判員參加的認定結論不同，也是不得已的事。

此外，二審法院認為，基於行為時具體精神狀況的類型多元，應採取症狀論，也就是被告行為當時有怎樣的症狀，不應只以被判定是怎樣的精神疾病，就直接用被診斷的病名作為有無責任能力的判斷依據。被告所罹患的妄想性精神病，除去妄想的狀況，通常也能過著普通常人的社會生活，而幻想也是基於行為人自身的人格，妄想本身也不是特別奇特等；如果以行為人的人格特質觀察，可能會使得縱使被告是基於妄想做出殺人行為，也常被判定具有責任能力。因此，本件是基於妄想性障礙所生妄想的原因之案件，以被告具有妄想性障礙而直接推論具有完全責任能力之判斷，二審法院很難接受。

綜合上面的討論，由本件犯行動機、犯行前後被告一連串的行為等觀察，可以知道是因為被告妄想性障礙病產生惡化，基於被告的衝動性、攻擊性極高的結果。雖然本件被告知道殺人是違法行為，具有違法性認識，縱使被告接受懲罰，基於妄想性障礙的強烈影響，再加上已成功復仇及把精神工學戰爭公諸於世，被告也認為這樣做是非常正當的事，可以得知被告犯罪行為當下的控制能力，因為妄想而有顯著降低，導致被告人格具有相當程度的不一致。

另外，對於被告是否具有控制能力一事，二審法院認為，被告是否具有「他行為可能性」，是否有能力選擇殺害行為以外的其他合法行為，有檢討的必要。雖說被告係受強烈的妄想影響，但也不是基於命令性幻覺或幻聽殺害被害人一家，又被告也不具有不得不做出殺害行為的迫切恐怖感。因此，可以得出被告係因為妄想的影響，被支配做出直接殺害行為造成本案結果，是沒有疑問的，並能從被告犯行時的精神障礙狀態基準得出精神喪失的評價。最後，二審法院認為一審法院判決有錯，撤銷第一審的死刑判決，改判無期徒刑。之後，被告上訴至最高法院，經審理後最高法院於二〇二一年一月二十二日駁回被告上訴，本案因而以判處被告無期徒刑確定。此案件為日本實施裁判員制度以來，第一審經過裁判員判處死刑判決，於第二審撤銷第一審判決，並自為無期徒刑判決，在最高法院以無期徒刑確定的第七件案例。

## 想想看

關於法院委託精神科醫師對於精神疾病做出的鑑定意見，有沒有必要限制醫師證言的範圍？也就是說，鑑定醫師本來只應該要就行為時，被告的辨識及控制能力的有無、程度進行精神鑑定而已，是否能夠進一步地對於被告是否符合刑法第19條第1項、第2項的不能辨識行為違法，或者控制能力顯著減低，進行判斷？如果允許醫師對於法律要件進行判斷的話，是否會剝奪法院認定法律的權限呢？如果在進行國民法官審理的案件中，是否有調整的必要呢？

在《國民法官法》中，根據第62條第1項的規定，關於案件的評議，必須由國民法官與職業法官，針對事實及法律認定共同為之。對於判斷被告責任能力的爭議，其實可以透過鑑定人以科學等方式，對於被告精神狀態作出鑑定報告，且鑑定報告也不涉及法律適用，也就是不需要提及是否有喪失辨識及控制能力的法律評價問題，進一步提供給國民法官與職業法官作為判斷犯罪事實的參考素材，再藉由國民法官與職業法官的參與，共同對於被告作出法律評價，這才符合透過證據去認定犯罪事實的「證據裁判原則」的精神。否則，就有可能產生，在精神科醫師的鑑定報告中，如果先對於被告作出法律評價判斷，也就是有沒有適用刑法第19條第1項、第2項無罪或減輕其刑的法律判斷，是否有可能會影響沒有醫學背景的國民法官，甚至是職業法官對於後續法律評價的適用？有沒有可能產生權威效應？使得國民法官與職業法官都被鑑定意見的結論牽著走呢？這值得思考。

因此，在《國民法官法》施行後，或許可以朝著鑑定報告只針對事實部分做出鑑定意見，至於犯罪事實及法律評價的認定與適用，則必須留待國民法官與職業法官共同審理，才是避免權威效應的解套方案。

如果你是審理這個案件的國民法官，可以想一想，要怎樣才能預防思覺失調症的被告被關完之後再犯呢？難道把他關進監獄後，就不處理他的精神疾病了嗎？

＊關鍵詞：犯罪類型（殺人）、動機（挾怨報復）、手段（持刀砍殺）、結果重大性（五名被害人）、被害感情（處罰感情強烈）、思覺失調症、裁判員判死二審改判、精神鑑定、藥劑性精神病

# 第十五章 維護公平審判之受審能力

## 案例18 〔二審改判無期〕思覺失調症與死刑審判——熊谷市六人殺害事件

思覺失調症，是過去大家常聽見的「精神分裂症」；參照衛生福利部出版「心理衛生專輯（12）」說明，患者伴隨思考與知覺方面的病態扭曲造成的異常，常有症狀為出現「幻想」、「幻覺」、「混亂的言談」、「混亂行為或僵直狀態」及「負性症狀」等。

現今多數人聽到患有思覺失調症之人涉及犯罪時，往往會聯想到刑法不處罰精神障礙或其他心智缺陷患者，因其欠缺辨識行為之能力。然而，患有思覺失調症之被告是否有參與刑事程序、接受審判的能力，則較少受到大家關注。本章將藉由二〇一五年九月間，在日本熊谷市發生患有思覺失調症的祕魯籍男子連續殺害六名被害人之殺人案件，進而介紹刑事審判程序中，應如何確認被告是否有能力接受審判。

## 事實背景　思覺失調者連續殺人

在熊谷市六人遭殺害事件中，被告是一位來自祕魯的男子，從二〇〇五年四月開始到日本工作，期間也曾往返日本及祕魯。該名男子在日本大多以臨時工為主，並沒有固定工作。二〇一五年九月十二日，當時在群馬縣伊勢崎市內沙拉製造工廠擔任臨時員工的該名男子，突然被解僱，自十三日起失去工作且必須離開公司宿舍。

該名男子遭解僱後不久，於九月十四至十六日間，陸續闖入琦玉縣三間民宅，並犯下強盜財物及殺人等犯罪行為；其中，共有六名被害人遭殺害，當中四名被害人的屍體還遭到藏匿。三間民宅內遭殺害的被害人，分別為「一對夫婦（男五十五歲、女五十三歲）」、「一位八十四歲婦人」、「一位四十一歲婦人、二位小孩（十歲及七歲）」。

經醫師診斷，該名男子患有思覺失調症及被害妄想症，經常認為職場同事會危害他本人及家人之生命，也認為經常被人跟蹤。

## 爭議所在　思覺失調症者有無受審能力

在本件案件進入審理程序時，特殊之處除了被告在犯下殺人行為當下，是否受到思覺失調症之影響外，長期患有思覺失調症及被害妄想症的被告，本身是否理解接受審判的意義？審理過程中，又應如何保障被告的訴訟權利？

### 受審能力

在日本《刑事訴訟法》中規定：「被告於心神喪失狀態下，在聽取檢察官及辯護人的意見後，必須裁定停止審判。」意即，為了確認被告精神狀態是否能夠參加審判，在詢問雙方當事人（檢察官及辯護人）的意見後，如果被告的精神狀態不適合接受審理時，法院必須裁定停止審判。另外，臺灣《刑事訴訟法》中也有規定：「被告心神喪失者，應於其回復以前停止審判。」也是為了確認被告在訴訟程序中，具備受審能力。

所謂受審能力，即被告在審判時，是否能夠在訴訟過程中為自己辯護及行使緘默權等權利，並且具備自由決定意思及意見陳述的能力；如果被告心神喪失，且完全缺乏為自己辯護的能力，此時應停止審判程序。

為能確認被告受審能力，法院會委請醫學專家對被告精神狀態進行鑑定，並將其心理及生理上之鑑定結果作為判斷依據；除此之外，法院也會綜合被告在審判過程中，各種主、客觀（包括於開庭時有無認知、辨識能力之障礙及委任辯護人等）情形而為判斷。

## 人民法感的判斷（一審判斷）

本案涉及強盜財物、殺害六名被害人及湮滅屍體等罪，第一審裁判員認為：「被告雖患有思覺失調症，但被告犯案過程並沒有受到思覺失調症之影響。」因此，第一審認定：「被告係基於取得財物的目的，侵入住宅並且殺害屋內的被害人；殺害被害人後，被告直接取走屋內財物，甚至開走被害人之車輛。同時，被告利用現場取得的菜刀進行殺人，殺人時均是朝向被害人致命部位突刺。另外，由於三個犯罪現場都沒有打鬥的痕跡，可研判被告是趁被害人不注意的情況下，攻擊並殺害被害人；甚至，對於幼小的被害人，被告更以割頸方式下手殺害，可見被告六次殺人行為均具有奪取他人生命的高危險性。甚至，被告在殺人後，竟將其中四具屍體分別藏匿於屋內浴缸及衣櫥內。」綜合審理結果，第一審判處被告死刑。

## 職業法官改判無期徒刑（二審判斷）

案件經辯護人提出上訴後，第二審法院認為，第一審判決並未充分考量思覺失調症對於被告所造成之影響，並且推翻一審認定結果。在第二審中，職業法官認為被告是因為患有思覺失調症，導致犯罪動機及犯罪行為，並推論被告在犯案當時應屬於心神耗弱之狀態。因此，第二審法院撤銷第一審法院死刑之判決，並改判被告無期徒刑。值得注意的是，辯護人主張：被告因為受到思覺失調症的影響，處於無法與人進行正常對話的狀態；在第一審的公開法庭中，被告亦曾有反覆地不規則發言，因此當時被告是否具訴訟能力已有疑義。但被告是否具備訴訟能力，第一審法院並未進行評估，且仍進行審理程序。

### 辯護人主張被告欠缺受審能力

辯護人主張第一審之審理應違反《刑事訴訟法》規定。另外，辯護人亦建議，由於被告第二審審理時，仍處於同樣的精神狀態，並且欠缺訴訟能力，主張應停止審理程序。為此，第二審在審理過程中，即針對被告是否具備接受審判能力進行裁量。

### 第二審法院對於被告在第一審中受審能力之判斷

被告於二〇一六年五月二十日遭起訴，在拘置室（看守所）時，曾有在房間內亂丟食物及任意排尿等行為。二〇一七年一月左右，辯護人曾前往探視被告，但雙方無法進行對話，彼此難以進行交流與溝通。

被告也曾有向監護人員吐口水而被安置在保護室之紀錄，甚至被告在保護室時，還出現用糞便塗抹保護室房門之觀察窗，當時被告還拒絕洗澡及運動；不過，被告的進食及排泄等日常起居大多沒有問題。另外，被告也曾有借閱西班牙語書籍的行為。當時，為了確保被告是否具備接受審判的精神狀態，曾由醫師實施精神鑑定。當時醫師曾有給予持續性的抗精神病藥物，但是後續被告拒絕服藥，因而未繼續進行治療。該名鑑定醫師指出，與被告的溝通及交流具有困難。

在正式進入審理程序前，曾對於被告的責任能力進行鑑定；當時，鑑定醫師稱與被告溝通交流有困難。另根據拘置所提交之書面報告，可窺見被告與其他人溝通時，只會用日文傳達需要衛生紙、牙刷等日常需求，在與通譯面談時，也只有說「審判結束後、再見」、「什麼時候審判」等片段發言。

第一審共計開庭十二次，被告每次都有出庭；在第一次開庭時，被告有正確地回答人別詢問（姓名、出生年月日及國籍），並稱在日本沒有住所，且對於起訴事實並不了解等。雖然被告在開庭前、開庭中有不規則且意義不明的發言，但也大多能遵循裁判長制止之指示，並沒有出現妨害審判之行為。第九次開庭，在進行詢問被告的程序時，被告大半時間沉默、僅有片段之發言卻多不知其意，「殺了人」、「那不是我」、「我知道我殺了六個人」、「因為我的腦袋有問題」；「（在回答被害者家屬提問時）我正在回答你的問題」、「（對於被害者家屬提問，是否在意被害者遺照時）我當然知道照片，因為必須追求正義」等。另外，被告有時也能回答出與問題契合的答案及理解本案審理等發言，「檢察官起訴我，法官是大老鷹，正在看著審判。警察是為了救助市民。這些誰都知道」；因此，仍認定被告尚能理解檢察官、法官及警察的職責。

被告雖患有思覺失調症，思考方式及思路也呈混亂狀態，並難以與他人進行溝通及交流；應可認為被告精神狀態與溝通能力具有相當程度的障礙。不過，考量被告在拘置所中尚且能將自己的基本需求傳遞給拘置所職員，也有閱讀西班牙語書籍的紀錄，因而認定被告之精神狀態並非完全喪失。

從被告與拘置所職員、鑑定人的對話內容，以及法庭上被告的陳述內容來看，被告對於侵入住居及殺害六人而受到刑事審判的情形有所理解；也能理解檢察官、法官及警察的工作。同時，本案在正式審理前曾實施精神鑑定；評估後，進行審理尚未有造成被告不利益之情形。另外，被告在接受審理時，雖有承認殺害六人，但似乎也能窺見被告有受到思覺失調症之影響，例如：「那並不是我」、「是因為我的腦袋有問題」等；因此，認定被告分別在法庭上與偵查階段所作成之陳述並未矛盾，也未有違反緘默權保障之情形。

再者，本案辯護人於偵查階段及公開審理法庭上之陳述，也是依被告認知進行辯護活動。在第一審法庭中，辯護人也確實採取辯護策略，並透過詢問被告的程序，盡可能保障被告相關權益；在實施精神鑑定時，辯護人亦有要求拘置所答覆被告在拘禁時之行為舉止，確保被告身心狀態及聽取精神鑑定醫師做成之意見等。因此法院認為，訴訟活動的過程中，辯護人的辯護策略，已有保障被告的防禦權。

綜合以上判斷，被告的精神狀態雖有減損，且難與辯護人進行溝通及交流，但在法庭審理上，未有發生被告行使防禦權利之實質障礙；雖然，被告訴訟能力有顯著地受到限制，但辯護人有提供適切的援助。因此，認定本案被告仍保有訴訟能力。

## 第二審法院對於被告目前精神狀態進行判斷

被告自從移至東京拘置所後，在屋內曾有持續大叫，並四處丟糞便、損壞設備等情形；因此，被告頻繁地被收容在保護室內，並且長時間在保護室內持續收容。

另根據拘置所書面報告，被告在平靜時，尚能利用報知器呼叫職員，傳遞一些日常需求，及借閱西班牙文書籍等；在與通譯面談時，亦會詢問「是否會判無期徒刑？」、「這樣的狀態要持續到什麼時候？」

第二審之辯護人經法院選任後，曾幾度前往拘置所進行訪視。但因為被告均收容在保護室內，且對於職員的呼喊概不回應，因而大多沒有順利進行接見程序。在少數幾次辦理接見時，也都是被告單方面講述意義不明的話語，並沒有達成雙方的交談。辯護人曾向被告表示：「自己是辯護人，想說明第一審判決奇怪之處。」結果，被告卻向辯護人說：「全部都是騙人的。」另外，二審法院有再請當時實施精神鑑定的醫師針對被告的精神狀態表示意見。但因為被告不願意配合，兩人之間並未真正實施面談。

在第二審公開審理時，被告並沒有發生騷動或抵抗等妨害審理的行為。被告在審理過程中大部分的供述內容，多為意義不明；但從被告片段回答情形，仍可窺見被告部分想法。例如：「從二〇一五年開始，我沒有判斷能力」、「我有向檢察官說，對於我的行動，無法負起任何責任」、「警察要判死刑」、「警察把我送到監獄裡」、「不能判我無期徒刑嗎？」、「如果我殺了六個人，也把我殺了不好嗎？這樣一來，家人全部都可以上天國。這樣很好。」

在第二審中，對於被告精神狀態的鑑定意見：「被告持續患有思覺失調症，且病狀持續惡化；被告目前的精神機能與判斷能力的減損程度，已較當時實施五十條鑑定之情形更為惡化；現在，被告已幾乎失去判斷能力。」

## 第二審法院對於被告當下是否具備受審能力之裁量

依據第二審審理期間，證人所做成之精神鑑定意見及拘置所的書面報告，被告的病狀確實有惡化的情形。但是，被告平常仍是可以向拘置所職員傳遞基本的要求，也有借閱西班牙語書籍的情形；因此，第二審仍認為被告的精神狀態並非完全喪失。

另外，從被告在法庭上的問答情形，及日常生活中被告與拘置所職員的對話來看，被告曾多次詢問是否會判無期徒刑等；可見被告對於第一審判處死刑有所認識，並且期待能在第二審中改判無期徒刑。第二審法院認為，第二次精神鑑定醫師的意見，僅是基於第一回審判期日前所得情報而作出判斷，該證言價值有限。因此，被告目前的狀況仍與第一審時相同，且辯護人亦有依循被告的意思進行辯護活動，法院亦有考量被告應行使的權利等。即便被告的病狀已較為惡化，但被告仍具有進行訴訟之能力，尚未符合應停止審判程序之要件。

## 想想看

刑事訴訟程序本是基於發現真實、保障人權為目標；其中，對於患有思覺失調症或其他精神疾患的人，在進入訴訟程序前以及程序進行中，更應格外地檢視被告的精神狀態。在臺灣，對於行為人是否具備罪責能力之討論較容易受到矚目；相對地，對於心神喪失的被告是否有能力參與審判則較少討論。本文中的被告已被診斷患有思覺失調症，且有被害妄想症等情形；但即便是第二審判決中，仍認定被告並非完全喪失接受審判的能力。主要理由有三點：(1)被告對於法官、檢察官及警察的工作均有認識，加上被告對於自己第一審被判處死刑的結果亦有認識；(2)辯護人大致上依照被告的意思進行辯護活動，已保障被告的防禦權；(3)法院於審理前曾對於被告的精神狀態進行鑑定，認定能接受審判，且法院有調查被告在偵查階段的陳述內容，並在審理時詢問被告、聽取被告意見等，已保障被告緘默權及訴訟權利等。因而認定本案尚未符合停止審判之要件。

或許兩公約中可推論出「維持死刑之締約國，不得對任何精神或智能障礙者判處或執行死刑」，但迄今仍未歸納出：「何種精神或智能障礙的情形，不得判處死刑？」或「精神疾病的程度到哪裡才不能判死刑？」因此，在保有死刑制度的臺灣，當患有思覺失調症的被告進入司法程序時，應先以被告是否具備接受審判的能力為判斷基準。在確保「被告」具備接受審判的能力時，在公平、公開審理的審判中，讓被告能對其犯罪行為負起應有的刑責之下，或可進一步討論是否選科死刑。

當被告本身處於欠缺訴訟能力的情形下，應先透過治療等方式，使其具備接受審判的能力；一旦進入刑事訴訟程序後，則受到「被告」應有之權益保障。確認被告受審能力後，刑事訴訟程序才能確保公平與正義；否則，患有思覺失調症將可能成為「免死金牌」。

當你成為國民法官，審理對象如果是患有思覺失調症之被告，應如何確認其是否具備受審能力？面對患有思覺失調症之被告時，相比面對一般被告，是否有其他的不同審理標準？甚至，對於患有思覺失調症是否一律免判死刑呢？

＊關鍵詞：犯罪類型（強盜殺人）、動機（個人利慾）、手段（持刀砍殺）、結果重大性（六名被害人）、被害感情（處罰感情強烈）、殺人計畫性、思覺失調症、受審能力、裁判員判死二審改判

附錄

# 本書收錄日本判決案件名稱、出處及說明

| 第一部分　人民參審及量刑基本原則 | 爭點說明 |
|---|---|
| **案例1**　寢屋川市虐童事件 | 法律素人的量刑方法 |
| 平成26年7月24日／最高裁判所第一小法廷／判決／平成25年（あ）689號 | |
| **案例2**　大阪母子殺害事件 | 何謂無罪推定 |
| 平成22年4月27日／最高裁判所第三小法廷／判決／平成19年（あ）80號 | |
| **案例3**　首都圈連續不審死事件 | 沒有直接證據可否判死 |
| 平成29年5月9日／最高裁判所第二小法廷／決定／平成29年（み）1號 | |

| | | |
|---|---|---|
| **案例4 大阪柏青哥店放火殺人案件** | **死刑違憲與否及執行方式** | |
| 平成28年2月23日／最高裁判所第三小法廷／判決／平成25年（あ）1329號 | | |
| **案例5 大阪堺市連續強盜殺人事件** | **犯後態度與死刑判斷** | |
| 平成31年2月12日／最高裁判所第三小法廷／判決／平成28年（あ）1485號 | | |
| **第二部分 死刑量刑的判斷因素** | **爭點說明** | |
| **案例6 永山則夫案** | **日本死刑量刑的法則** | |
| 平成2年4月17日／最高裁判所第三小法廷／判決／昭和62年（あ）498號 | | |
| **案例7 光市母女殺害事件** | **被告的年齡與死刑** | |
| 平成24年2月20日／最高裁判所第一小法廷／判決／平成20年（あ）第1136號 | | |

**案例8　山形東京連續放火殺人事件**　**殺害行為多次性**

平成28年6月13日／最高裁判所第二小法廷／判決／平成26年（あ）1655號

**案例9　南青山強盜殺人事件**　**被告前科的判死條件**

平成27年2月3日／最高裁判所第二小法廷／決定／平成25年（あ）1127

## 第三部分　殺人計畫的有無　爭點說明

**案例10　松戸市強盜殺人事件**　**強盜殺人**

平成27年2月3日／最高裁判所第二小法廷／決定／平成25年（あ）1729號

**案例11　神戸小一女童殺害事件**　**猥褻後殺害**

令和1年7月1日／最高裁判所第一小法廷／決定／平成29年（あ）605號

| 案例 | 事件 | 爭點 | 判決資料 |
| --- | --- | --- | --- |
| **案例12** | **岡山前女同事殺害分屍案** | **強制性交後殺害** | 平成25年2月14日／岡山地方裁判所／判決／平成23年（わ）570號<br>平成24年（わ）212號 |
| **案例13** | **長野一家三人強盜殺人事件** | **共犯參與程度** | 平成27年2月9日／最高裁判所第三小法廷／決定／平成26年（あ）481號 |
| **案例14** | **横濱截肢殺人事件** | **犯罪手段殘忍性** | 平成22年11月16日／横濱地方裁判所／判決／平成21年（わ）2242號／平成21年（わ）2477號／平成22年（わ）128號／平成22年（わ）169號／平成22年（わ）380號 |
| **案例15** | **三島女子短大生燒殺事件** | **殺一人可否判死** | 平成20年2月29日／最高裁判所第二小法廷／判決／平成17年（あ）第959號 |

| 第四部分　責任能力 | 爭點說明 |
| --- | --- |
| **案例16　大阪心齋橋無差別殺人事件**<br>令和1年12月2日／最高裁判所第一小法廷／判決／平成29年（あ）621號 | **被告行為當下的責任能力** |
| **案例17　洲本五人刺殺事件**<br>令和3年1月20日／最高裁判所第三小法廷／決定／令和2年（あ）321號 | **被告的精神鑑定、結果的重大性** |
| **案例18　熊谷市六人殺害事件**<br>令和2年9月24日／最高裁判所第一小法廷／決定／令和2年（す）671號 | **被告的受審能力、結果的重大性** |

ISSUE ㊸
人民參與死刑審判事件簿：
當法槌落下！借鏡日本判例，為國民法官作好準備

主　　編—林裕順
作　　者—林裕順、黃鼎軒、張家維、王鈞世
資深編輯—張擎
封面設計—吳郁嫻
內文排版—江宜蔚
人文線主編—王育涵
總 編 輯—胡金倫
董 事 長—趙政岷
出 版 者—時報文化出版企業股份有限公司
108019 臺北市和平西路三段240號7樓
發行專線—（02）2306-6842
讀者服務專線—0800-231-705、（02）2304-7103
讀者服務傳真—（02）2302-7844
郵撥—19344724 時報文化出版公司
信箱—10899 臺北華江橋郵政第99 信箱
時報悅讀網—www.readingtimes.com.tw
人文科學線臉書—https://www.facebook.com/humanities.science/
法律顧問—理律法律事務所 陳長文律師、李念祖律師
印　　刷—勁達印刷有限公司
初版一刷—2023年7月7日
定　　價—新台幣420元


人民參與死刑審判事件簿 : 當法槌落下 ! 借鏡日本判例 , 為國民法官作好準備 / 林裕順 , 黃鼎軒 , 張家維 , 王鈞世著 ; 林裕順主編 . -- 初版 . -- 臺北市 : 時報文化出版企業股份有限公司 , 2023.07

面 ;　公分 . -- 公分 . -- (Issue ; 43)

ISBN 978-626-353-773-6(平裝)

1.CST: 陪審 2.CST: 審判 3.CST: 司法制度 4.CST: 死刑 5.CST: 日本

586.931/54　　112005733

Printed in Taiwan

時報文化出版公司成立於一九七五年，
並於一九九九年股票上櫃公開發行，於二〇〇八年脫離中時集團非屬旺中，以「尊重智慧與創意的文化事業」為信念。